THAILÄNDISCH
WORTSCHATZ

FÜR DAS SELBSTSTUDIUM

DEUTSCH
THAILÄNDISCH

Die nützlichsten Wörter
Zur Erweiterung Ihres Wortschatzes und
Verbesserung der Sprachfertigkeit

3000 Wörter

Wortschatz Deutsch-Thailändisch für das Selbststudium - 3000 Wörter

Von Andrey Taranov

T&P Books Vokabelbücher sind dafür vorgesehen, beim Lernen einer Fremdsprache zu helfen, Wörter zu memorieren und zu wiederholen. Das Wörterbuch ist nach Themen aufgeteilt und deckt alle wichtigen Bereiche des täglichen Lebens, Berufs, Wissenschaft, Kultur etc. ab.

Durch das Benutzen der themenbezogenen T&P Books ergeben sich folgende Vorteile für den Lernprozess:

- Sachgemäß geordnete Informationen bestimmen den späteren Erfolg auf den darauffolgenden Stufen der Memorisierung
- Die Verfügbarkeit von Wörtern, die sich aus der gleichen Wurzel ableiten lassen, erlaubt die Memorisierung von Worteinheiten (mehr als bei einzeln stehenden Wörtern)
- Kleine Worteinheiten unterstützen den Aufbauprozess von assoziativen Verbindungen für die Festigung des Wortschatzes
- Die Kenntnis der Sprache kann aufgrund der Anzahl der gelernten Wörter eingeschätzt werden

T&P Books Publishing
www.tpbooks.com

ISBN: 978-1-78767-251-2

Dieses Buch ist auch im E-Book Format erhältlich.
Besuchen Sie uns auch auf www.tpbooks.com oder auf einer der bedeutenden Buchhandlungen online.

WORTSCHATZ DEUTSCH-THAILÄNDISCH
für das Selbststudium

Die Vokabelbücher von T&P Books sind dafür vorgesehen, Ihnen beim Lernen einer Fremdsprache zu helfen, Wörter zu memorieren und zu wiederholen. Der Wortschatz enthält über 3000 häufig gebrauchte, thematisch geordnete Wörter.

- Der Wortschatz enthält die am häufigsten benutzten Wörter
- Eignet sich als Ergänzung zu jedem Sprachkurs
- Erfüllt die Bedürfnisse von Anfängern und fortgeschrittenen Lernenden von Fremdsprachen
- Praktisch für den täglichen Gebrauch, zur Wiederholung und um sich selbst zu testen
- Ermöglicht es, Ihren Wortschatz einzuschätzen

Besondere Merkmale des Wortschatzes:

- Wörter sind entsprechend ihrer Bedeutung und nicht alphabetisch organisiert
- Wörter werden in drei Spalten präsentiert, um das Wiederholen und den Selbstüberprüfungsprozess zu erleichtern
- Wortgruppen werden in kleinere Einheiten aufgespalten, um den Lernprozess zu fördern
- Der Wortschatz bietet eine praktische und einfache Lautschrift jedes Wortes der Fremdsprache

Der Wortschatz hat 101 Themen, einschließlich:

Grundbegriffe, Zahlen, Farben, Monate, Jahreszeiten, Maßeinheiten, Kleidung und Accessoires, Essen und Ernährung, Restaurant, Familienangehörige, Verwandte, Charaktereigenschaften, Empfindungen, Gefühle, Krankheiten, Großstadt, Kleinstadt, Sehenswürdigkeiten, Einkaufen, Geld, Haus, Zuhause, Büro, Import & Export, Marketing, Arbeitssuche, Sport, Ausbildung, Computer, Internet, Werkzeug, Natur, Länder, Nationalitäten und vieles mehr...

INHALT

LEITFADEN FÜR DIE AUSSPRACHE

T&P phonetisches Alphabet	Thailändisch Beispiel	Deutsch Beispiel

Vokale

[a]	ห้า [hâ:] – hâa	schwarz
[e]	เป็นลม [pen lom] – bpen lom	Pferde
[i]	วินัย [wí? naj] – wí–nai	ihr, finden
[o]	โกน [ko:n] – gohn	orange
[u]	ขุ่นเคือง [kʰùn kʰɯ:aŋ] – khùn kheuang	kurz
[aa]	ราคา [ra: kʰa:] – raa–khaa	Zahlwort
[oo]	ภูมิใจ [pʰu:m tɕaj] – phoom jai	Zufall
[ee]	บัญชี [ban tɕʰi:] – ban–chee	Wieviel
[eu]	เดือน [dɯ:an] – deuan	Ungerundeter geschlossener Hinterzungenvokal
[er]	เงิน [ŋɤn] – ngern	Ungerundeter halbgeschlossener Hinterzungenvokal
[ae]	แปล [plɛ:] – bplae	verschütten
[ay]	เลข [lê:k] – lâyk	Wildleder
[ai]	ไปป์ [paj] – bpai	Reihe
[oi]	โพย [pʰo:j] – phoi	Werkzeug
[ya]	สัญญา [sǎn ja:] – sǎn–yaa	Jacke
[oie]	อบเชย [ʔòp tɕʰɤ:j] – òp–choie	Kombination [ə:i]
[ieo]	หน้าเชียว [nâ: si:aw] – nâa sieow	Kia Motors

Silbenanfang

[b]	บาง [ba:ŋ] – baang	Brille
[d]	สีแดง [sǐ: dɛ:ŋ] – sěe daeng	Detektiv
[f]	มันฝรั่ง [man fà ràŋ] – man fà–ràng	fünf
[h]	เฮลซิงกิ [he:n siŋ kì?] – hayn–sing–gì	brauchbar
[y]	ยี่สิบ [jî: sìp] – yêe sìp	Jacke
[g]	กรง [kroŋ] – grorng	gelb
[kh]	เลขา [le: kʰǎ:] – lay–khǎa	Flughafen
[l]	เล็ก [lék] – lék	Juli
[m]	เมลอน [me: lɔ:n] – may–lorn	Mitte
[n]	หนัง [nǎŋ] – nǎng	nicht
[ng]	เงือก [ŋɯ:ak] – ngêuak	Känguru
[bp]	เป็น [pen] – bpen	Polizei
[ph]	เผา [pʰàw] – phào	Abhang
[r]	เบอร์รี่ [bɤ: rî:] – ber–rêe	richtig
[s]	ซ้อน [sôn] – sôrn	sein

T&P phonetisches Alphabet	Thailändisch Beispiel	Deutsch Beispiel
[dt]	ดนตรี [don tri:] – don–dtree	still
[j]	ปั้นจั่น [pân tɕàn] – bpân jàn	ähnlich wie tch oder tj in Brötchen oder tja

Silbenende

[k]	แม่เหล็ก [mɛ: lèk] – mâe lèk	Kalender
[m]	เพิ่ม [pʰɤ:m] – phêrm	Mitte
[n]	เนียน [ni:an] – nian	nicht
[ng]	เป็นห่วง [pen hù:aŋ] – bpen hùang	Känguru
[p]	ไม่ขยับ [mâj kʰà ja p] – mâi khà–yàp	Polizei
[t]	ลูกเป็ด [lû:k pèt] – lôok bpèt	still

Anmerkungen

Mittel Ton - [ā] การดูคน [gaan khon]
Tief Ton - [à] แจกจ่าย [jàek jàai]
Fallend Ton - [â] ปุ่ม [dtâem]
Hoch Ton - [á] แซ็กโซโฟน [sáek-soh-fohn]
Steigend Ton - [ǎ] เนินเขา [nern khǎo]

ABKÜRZUNGEN
die im Vokabular verwendet werden

Deutsch. Abkürzungen

Adj	-	Adjektiv
Adv	-	Adverb
Amtsspr.	-	Amtssprache
f	-	Femininum
f, n	-	Femininum, Neutrum
Fem.	-	Femininum
m	-	Maskulinum
m, f	-	Maskulinum, Femininum
m, n	-	Maskulinum, Neutrum
Mask.	-	Maskulinum
n	-	Neutrum
pl	-	Plural
Sg.	-	Singular
ugs.	-	umgangssprachlich
unzähl.	-	unzählbar
usw.	-	und so weiter
v mod	-	Modalverb
vi	-	intransitives Verb
vi, vt	-	intransitives, transitives Verb
vt	-	transitives Verb
zähl.	-	zählbar
z.B.	-	zum Beispiel

GRUNDBEGRIFFE

1. Pronomen

du	คุณ	khun
er	เขา	khǎo
sie	เธอ	ther
es	มัน	man
wir	เรา	rao
ihr	คุณทั้งหลาย	khun tháng lǎai
Sie (Sg.)	คุณ	khun
Sie (pl)	คุณทั้งหลาย	khun tháng lǎai
sie (Mask.)	เขา	khǎo
sie (Fem.)	เธอ	ther

2. Grüße. Begrüßungen

Hallo! (ugs.)	สวัสดี!	sà-wàt-dee
Hallo! (Amtsspr.)	สวัสดี ครับ/ค่ะ!	sà-wàt-dee khráp/khâ
Guten Morgen!	อรุณสวัสดี!	a-run sà-wàt
Guten Tag!	สวัสดีตอนบ่าย	sà-wàt-dee dtorn-bàai
Guten Abend!	สวัสดีตอนค่ำ	sà-wàt-dee dtorn-khâm
grüßen (vi, vt)	ทักทาย	thák thaai
Hallo! (ugs.)	สวัสดี!	sà-wàt-dee
Gruß (m)	คำทักทาย	kham thák thaai
begrüßen (vt)	ทักทาย	thák thaai
Wie geht es Ihnen?	คุณสบายดีไหม?	khun sà-baai dee mǎi
Wie geht's dir?	สบายดีไหม?	sà-baai dee mǎi
Was gibt es Neues?	มีอะไรใหม?	mee à-rai mài
Auf Wiedersehen!	ลาก่อน!	laa gòrn
Wiedersehen! Tschüs!	บาย!	baai
Bis bald!	พบกันใหม่	phóp gan mài
Lebe wohl!	ลาก่อน!	laa gòrn
Leben Sie wohl!	สวัสดี!	sà-wàt-dee
sich verabschieden	บอกลา	bòrk laa
Tschüs!	ลาก่อน!	laa gòrn
Danke!	ขอบคุณ!	khòrp khun
Dankeschön!	ขอบคุณมาก!	khòrp khun mâak
Bitte (Antwort)	ยินดีช่วย	yin dee chûay
Keine Ursache.	ไม่เป็นไร	mâi bpen rai
Nichts zu danken.	ไม่เป็นไร	mâi bpen rai
Entschuldige!	ขอโทษที!	khǒr thôht thee
Entschuldigung!	ขอโทษ ครับ/ค่ะ!	khǒr thôht khráp / khâ

entschuldigen (vt)	ให้อภัย	hâi a-phai
sich entschuldigen	ขอโทษ	khǒr thôht
Verzeihung!	ขอโทษ	khǒr thôht
Es tut mir leid!	ขอโทษ!	khǒr thôht
verzeihen (vt)	อภัย	a-phai
Das macht nichts!	ไม่เป็นไร!	mâi bpen rai
bitte (Die Rechnung, ~!)	โปรด	bpròht
Nicht vergessen!	อย่าลืม!	yàa leum
Natürlich!	แน่นอน!	nâe norn
Natürlich nicht!	ไม่ใช่แน่!	mâi châi nâe
Gut! Okay!	โอเค!	oh-khay
Es ist genug!	พอแล้ว	phor láew

3. Fragen

Wer?	ใคร?	khrai
Was?	อะไร?	a-rai
Wo?	ที่ไหน?	thêe nǎi
Wohin?	ที่ไหน?	thêe nǎi
Woher?	จากที่ไหน?	jàak thêe nǎi
Wann?	เมื่อไหร่?	mêua rài
Wozu?	ทำไม?	tham-mai
Warum?	ทำไม?	tham-mai
Wofür?	เพื่ออะไร?	phêua a-rai
Wie?	อย่างไร?	yàang rai
Welcher?	อะไร?	a-rai
Wem?	สำหรับใคร?	sǎm-ràp khrai
Über wen?	เกี่ยวกับใคร?	gìeow gàp khrai
Wovon? (~ sprichst du?)	เกี่ยวกับอะไร?	gìeow gàp a-rai
Mit wem?	กับใคร?	gàp khrai
Wie viele?	กี่...?	gèe...?
Wie viel?	เท่าไหร่?	thâo rài
Wessen?	ของใคร?	khǒrng khrai

4. Präpositionen

mit (Frau ~ Katzen)	กับ	gàp
ohne (~ Dich)	ปราศจาก	bpràat-sà-jàak
nach (~ London)	ไปที่	bpai thêe
über (~ Geschäfte sprechen)	เกี่ยวกับ	gìeow gàp
vor (z.B. ~ acht Uhr)	ก่อน	gòrn
vor (z.B. ~ dem Haus)	หน้า	nâa
unter (~ dem Schirm)	ใต้	dtâi
über (~ dem Meeresspiegel)	เหนือ	něua
auf (~ dem Tisch)	บน	bon
aus (z.B. ~ München)	จาก	jàak
aus (z.B. ~ Porzellan)	ทำใช้	tham chái

in (~ zwei Tagen)	ใน	nai
über (~ zaun)	ข้าม	khâam

5. Funktionswörter. Adverbien. Teil 1

Wo?	ที่ไหน?	thêe năi
hier	ที่นี่	thêe nêe
dort	ที่นั่น	thêe nân
irgendwo	ที่ใดที่หนึ่ง	thêe dai thêe nèung
nirgends	ไม่มีที่ไหน	mâi mee thêe năi
an (bei)	ข้าง	khâang
am Fenster	ข้างหน้าต่าง	khâang nâa dtàang
Wohin?	ที่ไหน?	thêe năi
hierher	ที่นี่	thêe nêe
dahin	ที่นั่น	thêe nân
von hier	จากที่นี่	jàak thêe nêe
von da	จากที่นั่น	jàak thêe nân
nah (Adv)	ใกล้	glâi
weit, fern (Adv)	ไกล	glai
in der Nähe von …	ใกล้	glâi
in der Nähe	ใกล้ๆ	glâi glâi
unweit (~ unseres Hotels)	ไม่ไกล	mâi glai
link (Adj)	ซ้าย	sáai
links (Adv)	ข้างซ้าย	khâang sáai
nach links	ซ้าย	sáai
recht (Adj)	ขวา	khwăa
rechts (Adv)	ข้างขวา	khâang kwăa
nach rechts	ขวา	khwăa
vorne (Adv)	ข้างหน้า	khâang nâa
Vorder-	หน้า	nâa
vorwärts	หน้า	nâa
hinten (Adv)	ข้างหลัง	khâang lăng
von hinten	จากข้างหลัง	jàak khâang lăng
rückwärts (Adv)	หลัง	lăng
Mitte (f)	กลาง	glaang
in der Mitte	ตรงกลาง	dtrorng glaang
seitlich (Adv)	ข้าง	khâang
überall (Adv)	ทุกที่	thúk thêe
ringsherum (Adv)	รอบ	rôrp
von innen (Adv)	จากข้างใน	jàak khâang nai
irgendwohin (Adv)	ที่ไหน	thêe năi
geradeaus (Adv)	ตรงไป	dtrorng bpai
zurück (Adv)	กลับ	glàp

irgendwoher (Adv)	จากที่ใด	jàak thêe dai
von irgendwo (Adv)	จากที่ใด	jàak thêe dai
erstens	ขอที่หนึ่ง	khôr thêe nèung
zweitens	ขอที่สอง	khôr thêe sŏrng
drittens	ขอที่สาม	khôr thêe săam
plötzlich (Adv)	ในทันที	nai than thee
zuerst (Adv)	ตอนแรก	dtorn-râek
zum ersten Mal	เป็นครั้งแรก	bpen khráng râek
lange vor…	นานก่อน	naan gòrn
von Anfang an	ใหม่	mài
für immer	ให้จบสิ้น	hâi jòp sîn
nie (Adv)	ไม่เคย	mâi khoie
wieder (Adv)	อีกครั้งหนึ่ง	èek khráng nèung
jetzt (Adv)	ตอนนี้	dtorn-née
oft (Adv)	บ่อย	bòi
damals (Adv)	เวลานั้น	way-laa nán
dringend (Adv)	อย่างเร่งด่วน	yàang râyng dùan
gewöhnlich (Adv)	มักจะ	mák jà
übrigens, …	อนึ่ง	à-nèung
möglicherweise (Adv)	เป็นไปได้	bpen bpai dâai
wahrscheinlich (Adv)	อาจจะ	àat jà
vielleicht (Adv)	อาจจะ	àat jà
außerdem …	นอกจากนั้น…	nôrk jàak nán…
deshalb …	นั่นเป็นเหตุผลที่…	nân bpen hàyt phŏn thêe…
trotz …	แม้ว่า…	máe wâa…
dank …	เนื่องจาก…	nêuang jàak…
was (~ ist denn?)	อะไร	a-rai
das (~ ist alles)	ที่	thêe
etwas	อะไร	a-rai
irgendwas	อะไรก็ตาม	a-rai gôr dtaam
nichts	ไม่มีอะไร	mâi mee a-rai
wer (~ ist ~?)	ใคร	khrai
jemand	บางคน	baang khon
irgendwer	บางคน	baang khon
niemand	ไม่มีใคร	mâi mee khrai
nirgends	ไม่ไปไหน	mâi bpai năi
niemandes (~ Eigentum)	ไม่เป็นของของใคร	mâi bpen khŏrng khŏrng khrai
jemandes	ของคนหนึ่ง	khŏrng khon nèung
so (derart)	มาก	mâak
auch	ด้วย	dûay
ebenfalls	ด้วย	dûay

6. Funktionswörter. Adverbien. Teil 2

Warum?	ทำไม?	tham-mai
aus irgendeinem Grund	เพราะเหตุผลอะไร	phrór hàyt phŏn à-rai

weil …	เพราะว่า…	phrór wâa
zu irgendeinem Zweck	ด้วยจุดประสงค์อะไร	dûay jùt bprà-sŏng a-rai
und	และ	láe
oder	หรือ	rĕu
aber	แต่	dtàe
für (präp)	สำหรับ	săm-ràp
zu (~ viele)	เกินไป	gern bpai
nur (~ einmal)	เท่านั้น	thâo nán
genau (Adv)	ตรง	dtrorng
etwa	ประมาณ	bprà-maan
ungefähr (Adv)	ประมาณ	bprà-maan
ungefähr (Adj)	ประมาณ	bprà-maan
fast	เกือบ	gèuap
Übrige (n)	ที่เหลือ	thêe lĕua
der andere	อีก	èek
andere	อื่น	èun
jeder (~ Mann)	ทุก	thúk
beliebig (Adj)	ใดๆ	dai dai
viel (zähl.)	หลาย	lăai
viel (unzähl.)	มาก	mâak
viele Menschen	หลายคน	lăai khon
alle (wir ~)	ทุกๆ	thúk thúk
im Austausch gegen …	ที่จะเปลี่ยนเป็น	thêe jà bplìan bpen
dafür (Adv)	แทน	thaen
mit der Hand (Hand-)	ใช้มือ	chái meu
schwerlich (Adv)	แทบจะไม่	thâep jà mâi
wahrscheinlich (Adv)	อาจจะ	àat jà
absichtlich (Adv)	โดยเจตนา	doi jàyt-dtà-naa
zufällig (Adv)	บังเอิญ	bang-ern
sehr (Adv)	มาก	mâak
zum Beispiel	ยกตัวอย่าง	yók dtua yàang
zwischen	ระหว่าง	rá-wàang
unter (Wir sind ~ Mördern)	ท่ามกลาง	tâam-glaang
so viele (~ Ideen)	มากมาย	mâak maai
besonders (Adv)	โดยเฉพาะ	doi chà-phór

ZAHLEN. VERSCHIEDENES

7. Grundzahlen. Teil 1

null	ศูนย์	sŏon
eins	หนึ่ง	nèung
zwei	สอง	sŏrng
drei	สาม	săam
vier	สี่	sèe

fünf	ห้า	hâa
sechs	หก	hòk
sieben	เจ็ด	jèt
acht	แปด	bpàet
neun	เก้า	gâo

zehn	สิบ	sìp
elf	สิบเอ็ด	sìp èt
zwölf	สิบสอง	sìp sŏrng
dreizehn	สิบสาม	sìp săam
vierzehn	สิบสี่	sìp sèe

fünfzehn	สิบห้า	sìp hâa
sechzehn	สิบหก	sìp hòk
siebzehn	สิบเจ็ด	sìp jèt
achtzehn	สิบแปด	sìp bpàet
neunzehn	สิบเก้า	sìp gâo

zwanzig	ยี่สิบ	yêe sìp
einundzwanzig	ยี่สิบเอ็ด	yêe sìp èt
zweiundzwanzig	ยี่สิบสอง	yêe sìp sŏrng
dreiundzwanzig	ยี่สิบสาม	yêe sìp săam

dreißig	สามสิบ	săam sìp
einunddreißig	สามสิบเอ็ด	săam-sìp-èt
zweiunddreißig	สามสิบสอง	săam-sìp-sŏrng
dreiunddreißig	สามสิบสาม	săam-sìp-săam

vierzig	สี่สิบ	sèe sìp
einundvierzig	สี่สิบเอ็ด	sèe-sìp-èt
zweiundvierzig	สี่สิบสอง	sèe-sìp-sŏrng
dreiundvierzig	สี่สิบสาม	sèe-sìp-săam

fünfzig	ห้าสิบ	hâa sìp
einundfünfzig	ห้าสิบเอ็ด	hâa-sìp-èt
zweiundfünfzig	ห้าสิบสอง	hâa-sìp-sŏrng
dreiundfünfzig	หาสิบสาม	hâa-sìp-săam

sechzig	หกสิบ	hòk sìp
einundsechzig	หกสิบเอ็ด	hòk-sìp-èt

| zweiundsechzig | หกสิบสอง | hòk-sìp-sŏrng |
| dreiundsechzig | หกสิบสาม | hòk-sìp-săam |

siebzig	เจ็ดสิบ	jèt sìp
einundsiebzig	เจ็ดสิบเอ็ด	jèt-sìp-èt
zweiundsiebzig	เจ็ดสิบสอง	jèt-sìp-sŏrng
dreiundsiebzig	เจ็ดสิบสาม	jèt-sìp-săam

achtzig	แปดสิบ	bpàet sìp
einundachtzig	แปดสิบเอ็ด	bpàet-sìp-èt
zweiundachtzig	แปดสิบสอง	bpàet-sìp-sŏrng
dreiundachtzig	แปดสิบสาม	bpàet-sìp-săam

neunzig	เก้าสิบ	gâo sìp
einundneunzig	เก้าสิบเอ็ด	gâo-sìp-èt
zweiundneunzig	เก้าสิบสอง	gâo-sìp-sŏrng
dreiundneunzig	เกาสิบสาม	gâo-sìp-săam

8. Grundzahlen. Teil 2

einhundert	หนึ่งร้อย	nèung rói
zweihundert	สองร้อย	sŏrng rói
dreihundert	สามร้อย	săam rói
vierhundert	สี่ร้อย	sèe rói
fünfhundert	ห้าร้อย	hâa rói

sechshundert	หกร้อย	hòk rói
siebenhundert	เจ็ดร้อย	jèt rói
achthundert	แปดร้อย	bpàet rói
neunhundert	เก้าร้อย	gâo rói

eintausend	หนึ่งพัน	nèung phan
zweitausend	สองพัน	sŏrng phan
dreitausend	สามพัน	săam phan
zehntausend	หนึ่งหมื่น	nèung mèun
hunderttausend	หนึ่งแสน	nèung săen
Million (f)	ล้าน	láan
Milliarde (f)	พันล้าน	phan láan

9. Ordnungszahlen

der erste	แรก	râek
der zweite	ที่สอง	thêe sŏrng
der dritte	ที่สาม	thêe săam
der vierte	ที่สี่	thêe sèe
der fünfte	ที่ห้า	thêe hâa

der sechste	ที่หก	thêe hòk
der siebte	ที่เจ็ด	thêe jèt
der achte	ที่แปด	thêe bpàet
der neunte	ที่เก้า	thêe gâo
der zehnte	ที่สิบ	thêe sìp

FARBEN. MAßEINHEITEN

10. Farben

Farbe (f)	สี	sěe
Schattierung (f)	สีออน	sěe òrn
Farbton (m)	สีสัน	sěe sǎn
Regenbogen (m)	สายรุ้ง	sǎai rúng
weiß	สีขาว	sěe khǎao
schwarz	สีดำ	sěe dam
grau	สีเทา	sěe thao
grün	สีเขียว	sěe khǐeow
gelb	สีเหลือง	sěe lěuang
rot	สีแดง	sěe daeng
blau	สีน้ำเงิน	sěe nám ngern
hellblau	สีฟ้า	sěe fáa
rosa	สีชมพู	sěe chom-poo
orange	สีส้ม	sěe sôm
violett	สีม่วง	sěe mûang
braun	สีน้ำตาล	sěe nám dtaan
golden	สีทอง	sěe thorng
silbrig	สีเงิน	sěe ngern
beige	สีน้ำตาลออน	sěe nám dtaan òrn
cremefarben	สีครีม	sěe khreem
türkis	สีเขียวแกม	sěe khǐeow gaem
	น้าเงิน	náam ngern
kirschrot	สีแดงเชอร์รี่	sěe daeng cher-rêe
lila	สีม่วงออน	sěe mûang-òrn
himbeerrot	สีแดงเข้ม	sěe daeng khâym
hell	อออน	òrn
dunkel	แก	gàe
grell	สด	sòt
Farb- (z.B. -stifte)	สี	sěe
Farb- (z.B. -film)	สี	sěe
schwarz-weiß	ขาวดำ	khǎao-dam
einfarbig	สีเดียว	sěe dieow
bunt	หลากสี	làak sěe

11. Maßeinheiten

Gewicht (n)	น้ำหนัก	nám nàk
Länge (f)	ความยาว	khwaam yaao

Breite (f)	ความกว้าง	khwaam gwâang
Höhe (f)	ความสูง	khwaam sŏong
Tiefe (f)	ความลึก	khwaam léuk
Volumen (n)	ปริมาณ	bpà-rí-maan
Fläche (f)	บริเวณ	bor-rí-wayn
Gramm (n)	กรัม	gram
Milligramm (n)	มิลลิกรัม	min-lí gram
Kilo (n)	กิโลกรัม	gì-loh gram
Tonne (f)	ตัน	dtan
Pfund (n)	ปอนด์	bporn
Unze (f)	ออนซ์	orn
Meter (m)	เมตร	máyt
Millimeter (m)	มิลลิเมตร	min-lí mâyt
Zentimeter (m)	เซ็นติเมตร	sen dtì mâyt
Kilometer (m)	กิโลเมตร	gì-loh máyt
Meile (f)	ไมล์	mai
Zoll (m)	นิ้ว	níw
Fuß (m)	ฟุต	fút
Yard (n)	หลา	lăa
Quadratmeter (m)	ตารางเมตร	dtaa-raang máyt
Hektar (n)	เฮกตาร์	hêek dtaa
Liter (m)	ลิตร	lít
Grad (m)	องศา	ong-săa
Volt (n)	โวลต์	wohn
Ampere (n)	แอมแปร์	aem-bpae
Pferdestärke (f)	แรงมา	raeng máa
Anzahl (f)	จำนวน	jam-nuan
etwas …	นิดนอย	nít nói
Hälfte (f)	ครึ่ง	khrêung
Dutzend (n)	โหล	lŏh
Stück (n)	สวน	sùan
Größe (f)	ขนาด	khà-nàat
Maßstab (m)	มาตราสวน	mâat-dtraa sùan
minimal (Adj)	น้อยที่สุด	nói thêe sùt
der kleinste	เล็กที่สุด	lék thêe sùt
mittler, mittel-	กลาง	glaang
maximal (Adj)	สูงสุด	sŏong sùt
der größte	ใหญ่ที่สุด	yài têe sùt

12. Behälter

Glas (Einmachglas)	ขวดโหล	khùat lŏh
Dose (z.B. Bierdose)	กระป๋อง	grà-bpŏrng
Eimer (m)	ถัง	thăng
Fass (n), Tonne (f)	ถัง	thăng
Waschschüssel (n)	กะทะ	gà-thá

Tank (m)	ถังเก็บน้ำ	thăng gèp nám
Flachmann (m)	กระติกน้ำ	grà-dtìk nám
Kanister (m)	ภาชนะ	phaa-chá-ná
Zisterne (f)	ถังบรรจุ	thăng ban-jù
Kaffeebecher (m)	แก้ว	gâew
Tasse (f)	ถ้วย	thûay
Untertasse (f)	จานรอง	jaan rorng
Wasserglas (n)	แก้ว	gâew
Weinglas (n)	แก้วไวน์	gâew wai
Kochtopf (m)	หม้อ	môr
Flasche (f)	ขวด	khùat
Flaschenhals (m)	ปาก	bpàak
Karaffe (f)	คนโท	khon-thoh
Tonkrug (m)	เหยือก	yèuak
Gefäß (n)	ภาชนะ	phaa-chá-ná
Tontopf (m)	หม้อ	môr
Vase (f)	แจกัน	jae-gan
Flakon (n)	กระติก	grà-dtìk
Fläschchen (n)	ขวดเล็ก	khùat lék
Tube (z.B. Zahnpasta)	หลอด	lòrt
Sack (~ Kartoffeln)	ถุง	thŭng
Tüte (z.B. Plastiktüte)	ถุง	thŭng
Schachtel (f) (z.B. Zigaretten~)	ซอง	sorng
Karton (z.B. Schuhkarton)	กล่อง	glòrng
Kiste (z.B. Bananenkiste)	ลัง	lang
Korb (m)	ตะกร้า	dtà-grâa

DIE WICHTIGSTEN VERBEN

13. Die wichtigsten Verben. Teil 1

abbiegen (nach links ~)	เลี้ยว	líeow
abschicken (vt)	ส่ง	sòng
ändern (vt)	เปลี่ยน	bplìan
andeuten (vt)	บอกใบ้	bòrk bâi
Angst haben	กลัว	glua
ankommen (vi)	มา	maa
antworten (vi)	ตอบ	dtòrp
arbeiten (vi)	ทำงาน	tham ngaan
auf ... zählen	พึ่งพา	phêung phaa
aufbewahren (vt)	รักษา	rák-sǎa
aufschreiben (vt)	จด	jòt
ausgehen (vi)	ออกไป	òrk bpai
aussprechen (vt)	ออกเสียง	òrk sǐang
bedauern (vt)	เสียใจ	sǐa jai
bedeuten (vt)	หมาย	mǎai
beenden (vt)	จบ	jòp
befehlen (Milit.)	สั่งการ	sàng gaan
befreien (Stadt usw.)	ปลดปล่อย	bplòt bplòi
beginnen (vt)	เริ่ม	rêrm
bemerken (vt)	สังเกต	sǎng-gàyt
beobachten (vt)	สังเกตการณ์	sǎng-gàyt gaan
berühren (vt)	แตะต้อง	dtàe dtôrng
besitzen (vt)	เป็นเจ้าของ	bpen jâo khǒrng
besprechen (vt)	หารือ	hǎa-reu
bestehen auf	ยืนยัน	yeun yan
bestellen (im Restaurant)	สั่ง	sàng
bestrafen (vt)	ลงโทษ	long thôht
beten (vi)	ภาวนา	phaa-wá-naa
bitten (vt)	ขอ	khǒr
brechen (vt)	แตก	dtàek
denken (vi, vt)	คิด	khít
drohen (vi)	ขู่	khòo
Durst haben	กระหายน้ำ	grà-hǎai náam
einladen (vt)	เชิญ	chern
einstellen (vt)	หยุด	yùt
einwenden (vt)	ค้าน	kháan
empfehlen (vt)	แนะนำ	náe nam
erklären (vt)	อธิบาย	à-thí-baai
erlauben (vt)	อนุญาต	a-nú-yâat

ermorden (vt)	ฆ่า	khâa
erwähnen (vt)	กล่าวถึง	glàao thĕung
existieren (vi)	มีอยู่	mee yòo

14. Die wichtigsten Verben. Teil 2

fallen (vi)	ตก	dtòk
fallen lassen	ทิ้งให้ตก	thíng hâi dtòk
fangen (vt)	จับ	jàp
finden (vt)	พบ	phóp
fliegen (vi)	บิน	bin

folgen (Folge mir!)	ไปตาม...	bpai dtaam...
fortsetzen (vt)	ทำต่อไป	tham dtòr bpai
fragen (vt)	ถาม	thăam
frühstücken (vi)	ทานอาหารเช้า	thaan aa-hăan cháo
geben (vt)	ให้	hâi

gefallen (vi)	ชอบ	chôrp
gehen (zu Fuß gehen)	ไป	bpai
gehören (vi)	เป็นของของ...	bpen khŏrng khŏrng...
graben (vt)	ขุด	khùt

haben (vt)	มี	mee
helfen (vi)	ช่วย	chûay
herabsteigen (vi)	ลง	long
hereinkommen (vi)	เข้า	khâo

hoffen (vi)	หวัง	wăng
hören (vt)	ได้ยิน	dâai yin
hungrig sein	หิว	hĭw
informieren (vt)	แจ้ง	jâeng
jagen (vi)	ล่า	lâa

kennen (vt)	รู้จัก	róo jàk
klagen (vi)	บ่น	bòn
können (v mod)	สามารถ	săa-mâat
kontrollieren (vt)	ควบคุม	khûap khum
kosten (vt)	ราคา	raa-khaa

kränken (vt)	ดูถูก	doo thòok
lächeln (vi)	ยิ้ม	yím
lachen (vi)	หัวเราะ	hŭa rór
laufen (vi)	วิ่ง	wîng
leiten (Betrieb usw.)	บริหาร	bor-rí-hăan

lernen (vt)	เรียน	rian
lesen (vi, vt)	อ่าน	àan
lieben (vt)	รัก	rák
machen (vt)	ทำ	tham

mieten (Haus usw.)	เช่า	châo
nehmen (vt)	เอา	ao
noch einmal sagen	ซ้ำ	sám

| nötig sein | ต้องการ | dtôrng gaan |
| öffnen (vt) | เปิด | bpèrt |

15. Die wichtigsten Verben. Teil 3

planen (vt)	วางแผน	waang phǎen
prahlen (vi)	โอ้อวด	ôh ùat
raten (vt)	แนะนำ	náe nam
rechnen (vt)	นับ	náp
reservieren (vt)	จอง	jorng
retten (vt)	กู้	gôo
richtig raten (vt)	คาดเดา	khâat dao
rufen (um Hilfe ~)	เรียก	rîak
sagen (vt)	บอก	bòrk
schaffen (Etwas Neues zu ~)	สร้าง	sâang
schelten (vt)	ดุด่า	dù dàa
schießen (vi)	ยิง	ying
schmücken (vt)	ประดับ	bprà-dàp
schreiben (vi, vt)	เขียน	khĭan
schreien (vi)	ตะโกน	dtà-gohn
schweigen (vi)	นิ่งเงียบ	nîng ngîap
schwimmen (vi)	ว่ายน้ำ	wâai náam
schwimmen gehen	ไปว่ายน้ำ	bpai wâai náam
sehen (vi, vt)	เห็น	hĕn
sein (vi)	เป็น	bpen
sich beeilen	รีบ	rêep
sich entschuldigen	ขอโทษ	khŏr thôht
sich interessieren	สนใจใน	sŏn jai nai
sich irren	ทำผิด	tham phìt
sich setzen	นั่ง	nâng
sich weigern	ปฏิเสธ	bpà-dtì-sàyt
spielen (vi, vt)	เล่น	lên
sprechen (vi)	พูด	phôot
staunen (vi)	ประหลาดใจ	bprà-làat jai
stehlen (vt)	ขโมย	khà-moi
stoppen (vt)	หยุด	yùt
suchen (vt)	หา	hǎa

16. Die wichtigsten Verben. Teil 4

täuschen (vt)	หลอก	lòrk
teilnehmen (vi)	มีส่วนร่วม	mee sùan rûam
übersetzen (Buch usw.)	แปล	bplae
unterschätzen (vt)	ดูถูก	doo thòok
unterschreiben (vt)	ลงนาม	long naam
vereinigen (vt)	สมาน	sà-mǎan

vergessen (vt)	ลืม	leum
vergleichen (vt)	เปรียบเทียบ	bprìap thîap
verkaufen (vt)	ขาย	khǎai
verlangen (vt)	เรียกร้อง	rîak rórng

versäumen (vt)	พลาด	phlâat
versprechen (vt)	สัญญา	sǎn-yaa
verstecken (vt)	ซ่อน	sôrn
verstehen (vt)	เข้าใจ	khâo jai
versuchen (vt)	พยายาม	phá-yaa-yaam

verteidigen (vt)	ปกป้อง	bpòk bpôrng
vertrauen (vi)	เชื่อ	chêua
verwechseln (vt)	สับสน	sàp sǒn
verzeihen (vi, vt)	ให้อภัย	hâi a-phai
verzeihen (vt)	ให้อภัย	hâi a-phai
voraussehen (vt)	คาดหวัง	khâat wǎng

vorschlagen (vt)	เสนอ	sà-něr
vorziehen (vt)	ชอบ	chôrp
wählen (vt)	เลือก	lêuak
warnen (vt)	เตือน	dteuan
warten (vi)	รอ	ror
weinen (vi)	ร้องไห้	rórng hâi

wissen (vt)	รู้	róo
Witz machen	ล้อเล่น	lór lên
wollen (vt)	ต้องการ	dtôrng gaan
zahlen (vt)	จ่าย	jàai
zeigen (jemandem etwas)	แสดง	sà-daeng

zu Abend essen	ทานอาหารเย็น	thaan aa-hǎan yen
zu Mittag essen	ทานอาหารเที่ยง	thaan aa-hǎan thîang
zubereiten (vt)	ทำอาหาร	tham aa-hǎan
zustimmen (vi)	เห็นด้วย	hěn dûay
zweifeln (vi)	สงสัย	sǒng-sǎi

ZEIT. KALENDER

17. Wochentage

Montag (m)	วันจันทร์	wan jan
Dienstag (m)	วันอังคาร	wan ang-khaan
Mittwoch (m)	วันพุธ	wan phút
Donnerstag (m)	วันพฤหัสบดี	wan phá-réu-hàt-sà-bor-dee
Freitag (m)	วันศุกร์	wan sùk
Samstag (m)	วันเสาร์	wan sǎo
Sonntag (m)	วันอาทิตย์	wan aa-thít
heute	วันนี้	wan née
morgen	พรุ่งนี้	phrûng-née
übermorgen	วันมะรืนนี้	wan má-reun née
gestern	เมื่อวานนี้	mêua waan née
vorgestern	เมื่อวานซืนนี้	mêua waan-seun née
Tag (m)	วัน	wan
Arbeitstag (m)	วันทำงาน	wan tham ngaan
Feiertag (m)	วันนักขัตฤกษ์	wan nák-khàt-rêrk
freier Tag (m)	วันหยุด	wan yùt
Wochenende (n)	วันสุดสัปดาห์	wan sùt sàp-daa
den ganzen Tag	ทั้งวัน	tháng wan
am nächsten Tag	วันรุ่งขึ้น	wan rûng khêun
zwei Tage vorher	สองวันก่อน	sǒrng wan gòrn
am Vortag	วันก่อนหน้านี้	wan gòrn nâa née
täglich (Adj)	รายวัน	raai wan
täglich (Adv)	ทุกวัน	thúk wan
Woche (f)	สัปดาห์	sàp-daa
letzte Woche	สัปดาห์ก่อน	sàp-daa gòrn
nächste Woche	สัปดาห์หน้า	sàp-daa nâa
wöchentlich (Adj)	รายสัปดาห์	raai sàp-daa
wöchentlich (Adv)	ทุกสัปดาห์	thúk sàp-daa
zweimal pro Woche	สัปดาห์ละสองครั้ง	sàp-daa lá sǒrng khráng
jeden Dienstag	ทุกวันอังคาร	túk wan ang-khaan

18. Stunden. Tag und Nacht

Morgen (m)	เช้า	cháo
morgens	ตอนเช้า	dtorn cháo
Mittag (m)	เที่ยงวัน	thîang wan
nachmittags	ตอนบาย	dtorn bàai
Abend (m)	เย็น	yen
abends	ตอนเย็น	dtorn yen

Nacht (f)	คืน	kheun
nachts	กลางคืน	glaang kheun
Mitternacht (f)	เที่ยงคืน	thîang kheun

Sekunde (f)	วินาที	wí-naa-thee
Minute (f)	นาที	naa-thee
Stunde (f)	ชั่วโมง	chûa mohng
eine halbe Stunde	ครึ่งชั่วโมง	khrêung chûa mohng
Viertelstunde (f)	สิบห้านาที	sìp hâa naa-thee
fünfzehn Minuten	สิบห้านาที	sìp hâa naa-thee
Tag und Nacht	24 ชั่วโมง	yêe sìp sèe · chûa mohng

Sonnenaufgang (m)	พระอาทิตย์ขึ้น	phrá aa-thít khêun
Morgendämmerung (f)	ใกล้รุ่ง	glâi rûng
früher Morgen (m)	เช้า	cháo
Sonnenuntergang (m)	พระอาทิตย์ตก	phrá aa-thít dtòk

früh am Morgen	ตอนเช้า	dtorn cháo
heute Morgen	เช้านี้	cháo née
morgen früh	พรุ่งนี้เช้า	phrûng-née cháo

heute Mittag	บ่ายนี้	bàai née
nachmittags	ตอนบ่าย	dtorn bàai
morgen Nachmittag	พรุ่งนี้บ่าย	phrûng-née bàai

| heute Abend | คืนนี้ | kheun née |
| morgen Abend | คืนพรุ่งนี้ | kheun phrûng-née |

Punkt drei Uhr	3 โมงตรง	săam mohng dtrorng
gegen vier Uhr	ประมาณ 4 โมง	bprà-maan sèe mohng
um zwölf Uhr	ภายใน 12 โมง	phaai nai sìp sŏng mohng

in zwanzig Minuten	อีก 20 นาที	èek yêe sìp naa-thee
in einer Stunde	อีกหนึ่งชั่วโมง	èek nèung chûa mohng
rechtzeitig (Adv)	ทันเวลา	than way-laa

Viertel vor …	อีกสิบห้านาที	èek sìp hâa naa-thee
innerhalb einer Stunde	ภายในหนึ่งชั่วโมง	phaai nai nèung chûa mohng
alle fünfzehn Minuten	ทุก 15 นาที	thúk sìp hâa naa-thee
Tag und Nacht	ทั้งวัน	tháng wan

19. Monate. Jahreszeiten

Januar (m)	มกราคม	mók-gà-raa khom
Februar (m)	กุมภาพันธ์	gum-phaa phan
März (m)	มีนาคม	mee-naa khom
April (m)	เมษายน	may-săa-yon
Mai (m)	พฤษภาคม	phréut-sà-phaa khom
Juni (m)	มิถุนายน	mí-thù-naa-yon

Juli (m)	กรกฎาคม	gà-rá-gà-daa-khom
August (m)	สิงหาคม	sĭng hăa khom
September (m)	กันยายน	gan-yaa-yon
Oktober (m)	ตุลาคม	dtù-laa khom

November (m)	พฤศจิกายน	phréut-sà-ji-gaa-yon
Dezember (m)	ธันวาคม	than-waa khom
Frühling (m)	ฤดูใบไม้ผลิ	réu-doo bai máai phlì
im Frühling	ฤดูใบไม้ผลิ	réu-doo bai máai phlì
Frühlings-	ฤดูใบไม้ผลิ	réu-doo bai máai phlì
Sommer (m)	ฤดูร้อน	réu-doo rórn
im Sommer	ฤดูร้อน	réu-doo rórn
Sommer-	ฤดูร้อน	réu-doo rórn
Herbst (m)	ฤดูใบไม้ร่วง	réu-doo bai máai rûang
im Herbst	ฤดูใบไม้ร่วง	réu-doo bai máai rûang
Herbst-	ฤดูใบไม้ร่วง	réu-doo bai máai rûang
Winter (m)	ฤดูหนาว	réu-doo năao
im Winter	ฤดูหนาว	réu-doo năao
Winter-	ฤดูหนาว	réu-doo năao
Monat (m)	เดือน	deuan
in diesem Monat	เดือนนี้	deuan née
nächsten Monat	เดือนหน้า	deuan nâa
letzten Monat	เดือนที่แล้ว	deuan thêe láew
vor einem Monat	หนึ่งเดือนก่อนหน้านี้	nèung deuan gòrn nâa née
über eine Monat	อีกหนึ่งเดือน	èek nèung deuan
in zwei Monaten	อีกสองเดือน	èek sŏrng deuan
den ganzen Monat	ตลอดทั้งเดือน	dtà-lòrt tháng deuan
monatlich (Adj)	รายเดือน	raai deuan
monatlich (Adv)	ทุกเดือน	thúk deuan
jeden Monat	ทุกเดือน	thúk deuan
zweimal pro Monat	เดือนละสองครั้ง	deuan lá sŏrng kráng
Jahr (n)	ปี	bpee
dieses Jahr	ปีนี้	bpee née
nächstes Jahr	ปีหน้า	bpee nâa
voriges Jahr	ปีที่แล้ว	bpee thêe láew
vor einem Jahr	หนึ่งปีก่อน	nèung bpee gòrn
in einem Jahr	อีกหนึ่งปี	èek nèung bpee
in zwei Jahren	อีกสองปี	èek sŏng bpee
das ganze Jahr	ตลอดทั้งปี	dtà-lòrt tháng bpee
jedes Jahr	ทุกปี	thúk bpee
jährlich (Adj)	รายปี	raai bpee
jährlich (Adv)	ทุกปี	thúk bpee
viermal pro Jahr	ปีละสี่ครั้ง	bpee lá sèe khráng
Datum (heutige ~)	วันที่	wan thêe
Datum (Geburts-)	วันเดือนปี	wan deuan bpee
Kalender (m)	ปฏิทิน	bpà-dtì-thin
ein halbes Jahr	ครึ่งปี	khrêung bpee
Halbjahr (n)	หกเดือน	hòk deuan
Saison (f)	ฤดูกาล	réu-doo gaan
Jahrhundert (n)	ศตวรรษ	sà-dtà-wát

REISEN. HOTEL

20. Ausflug. Reisen

Tourismus (m)	การท่องเที่ยว	gaan thôrng thîeow
Tourist (m)	นักทองเที่ยว	nák thôrng thîeow
Reise (f)	การเดินทาง	gaan dern thaang
Abenteuer (n)	การผจญภัย	gaan phà-jon phai
Fahrt (f)	การเดินทาง	gaan dern thaang
Urlaub (m)	วันหยุดพักผ่อน	wan yùt phák phòrn
auf Urlaub sein	หยุดพักผอน	yùt phák phòrn
Erholung (f)	การพัก	gaan phák
Zug (m)	รถไฟ	rót fai
mit dem Zug	โดยรถไฟ	doi rót fai
Flugzeug (n)	เครื่องบิน	khrêuang bin
mit dem Flugzeug	โดยเครื่องบิน	doi khrêuang bin
mit dem Auto	โดยรถยนต์	doi rót-yon
mit dem Schiff	โดยเรือ	doi reua
Gepäck (n)	สัมภาระ	săm-phaa-rá
Koffer (m)	กระเป๋าเดินทาง	grà-bpăo dern-thaang
Gepäckwagen (m)	รถขนสัมภาระ	rót khŏn săm-phaa-rá
Pass (m)	หนังสือเดินทาง	năng-sĕu dern-thaang
Visum (n)	วีซ่า	wee-sâa
Fahrkarte (f)	ตั๋ว	dtŭa
Flugticket (n)	ตั๋วเครื่องบิน	dtŭa khrêuang bin
Reiseführer (m)	หนังสือแนะนำ	năng-sĕu náe nam
Landkarte (f)	แผนที่	phăen thêe
Gegend (f)	เขต	khàyt
Ort (wunderbarer ~)	สถานที่	sà-thăan thêe
Exotika (pl)	สิ่งแปลกใหม่	sìng bplàek mài
exotisch	ตางแดน	dtàang daen
erstaunlich (Adj)	นาประหลาดใจ	nâa bprà-làat jai
Gruppe (f)	กลุ่ม	glùm
Ausflug (m)	การเดินทาง	gaan dern taang
	ทองเที่ยว	thôrng thîeow
Reiseleiter (m)	มัคคุเทศก์	mák-khú-thâyt

21. Hotel

Hotel (n)	โรงแรม	rohng raem
Motel (n)	โรงแรม	rohng raem

drei Sterne	สามดาว	săam daao
fünf Sterne	หาดาว	hâa daao
absteigen (vi)	พัก	phák

Hotelzimmer (n)	ห้อง	hôrng
Einzelzimmer (n)	ห้องเดี่ยว	hôrng dìeow
Zweibettzimmer (n)	หองคู	hôrng khôo
reservieren (vt)	จองหอง	jorng hôrng

| Halbpension (f) | พักครึ่งวัน | phák khrêung wan |
| Vollpension (f) | พักเต็มวัน | phák dtem wan |

mit Bad	มีห้องอาบน้ำ	mee hôrng àap náam
mit Dusche	มีฝักบัว	mee fàk bua
Satellitenfernsehen (n)	โทรทัศน์ดาวเทียม	thoh-rá-thát daao thiam
Klimaanlage (f)	เครื่องปรับอากาศ	khrêuang bpràp-aa-gàat
Handtuch (n)	ผ้าเช็ดตัว	phâa chét dtua
Schlüssel (m)	กุญแจ	gun-jae

Verwalter (m)	นักบุริหาร	nák bor-rí-hăan
Zimmermädchen (n)	แมบาน	mâe bâan
Träger (m)	พนักงาน.	phá-nák ngaan
	ขนกระเป๋า	khŏn grà-bpăo
Portier (m)	พนักงาน	phá-nák ngaan
	เปิดประตู	bpèrt bprà-dtoo

Restaurant (n)	ร้านอาหาร	ráan aa-hăan
Bar (f)	บาร	baa
Frühstück (n)	อาหารเช้า	aa-hăan cháo
Abendessen (n)	อาหารเย็น	aa-hăan yen
Buffet (n)	บุฟเฟต์	bùf-fây

| Foyer (n) | ล็อบบี้ | lórp-bêe |
| Aufzug (m), Fahrstuhl (m) | ลิฟต | líf |

| BITTE NICHT STÖREN! | ห้ามรบกวน | hâam róp guan |
| RAUCHEN VERBOTEN! | หามสูบบุหรี่ | hâam sòop bù rèe |

22. Sehenswürdigkeiten

Denkmal (n)	อนุสาวรีย์	a-nú-săa-wá-ree
Festung (f)	ป้อม	bpôrm
Palast (m)	วัง	wang
Schloss (n)	ปราสาท	bpraa-sàat
Turm (m)	หอ	hŏr
Mausoleum (n)	สุสาน	sù-săan

Architektur (f)	สถาปัตยกรรม	sà-thăa-bpàt-dtà-yá-gam
mittelalterlich	ยุคกลาง	yúk glaang
alt (antik)	โบราณ	boh-raan
national	แหงชาติ	hàeng châat
berühmt	ที่มีชื่อเสียง	thêe mee chêu-sĭang
Tourist (m)	นักทองเที่ยว	nák thôrng thîeow
Fremdenführer (m)	มัคคุเทศก	mák-khú-thâyt

Ausflug (m)	ทัศนศึกษา	thát-sà-ná-sèuk-săa
zeigen (vt)	แสดง	sà-daeng
erzählen (vt)	เลา	lâo

finden (vt)	หาพบ	hăa phóp
sich verlieren	หลงทาง	lŏng thaang
Karte (U-Bahn ~)	แผนที่	phăen thêe
Karte (Stadt-)	แผนที่	phăen thêe

Souvenir (n)	ของที่ระลึก	khŏrng thêe rá-léuk
Souvenirladen (m)	รานขาย	ráan khăai
	ของที่ระลึก	khŏrng thêe rá-léuk
fotografieren (vt)	ถ่ายภาพ	thàai phâap
sich fotografieren	ได้รับการ ฺ	dâai ráp gaan
	ถายภาพให	thàai phâap hâi

TRANSPORT

23. Flughafen

Flughafen (m)	สนามบิน	sà-nǎam bin
Flugzeug (n)	เครื่องบิน	khrêuang bin
Fluggesellschaft (f)	สายการบิน	sǎai gaan bin
Fluglotse (m)	เจ้าหน้าที่ควบคุม	jâo nâa-thêe khûap khum
	จราจรทางอากาศ	jà-raa-jon thaang aa-gàat
Abflug (m)	การออกเดินทาง	gaan òrk dern thaang
Ankunft (f)	การมาถึง	gaan maa thěung
anfliegen (vi)	มาถึง	maa thěung
Abflugzeit (f)	เวลาขาไป	way-laa khǎa bpai
Ankunftszeit (f)	เวลามาถึง	way-laa maa thěung
sich verspäten	ถูกเลื่อน	thòok lêuan
Abflugverspätung (f)	เลื่อนเที่ยวบิน	lêuan thieow bin
Anzeigetafel (f)	กระดานแสดง	grà daan sà-daeng
	ข้อมูล	khôr moon
Information (f)	ข้อมูล	khôr moon
ankündigen (vt)	ประกาศ	bprà-gàat
Flug (m)	เที่ยวบิน	thîeow bin
Zollamt (n)	ศุลกากร	sǔn-lá-gaa-gon
Zollbeamter (m)	เจ้าหน้าที่ศุลกากร	jâo nâa-thêe sǔn-lá-gaa-gon
Zolldeklaration (f)	แบบฟอร์มการเสีย	bàep form gaan sǐa
	ภาษีศุลกากร	phaa-sěe sǔn-lá-gaa-gon
ausfüllen (vt)	กรอก	gròrk
die Zollerklärung ausfüllen	กรอกแบบฟอร์ม	gròrk bàep form
	การเสียภาษี	gaan sǐa paa-sěe
Passkontrolle (f)	จุดตรวจหนังสือ	jùt dtrùat nǎng-sěu
	เดินทาง	dern-thaang
Gepäck (n)	สัมภาระ	sǎm-phaa-rá
Handgepäck (n)	กระเป๋าถือ	grà-bpǎo thěu
Kofferkuli (m)	รถขนสัมภาระ	rót khǒn sǎm-phaa-rá
Landung (f)	การลงจอด	gaan long jòrt
Landebahn (f)	ลานบินลงจอด	laan bin long jòrt
landen (vi)	ลงจอด	long jòrt
Fluggasttreppe (f)	ทางขึ้นลง	thaang khêun long
	เครื่องบิน	khrêuang bin
Check-in (n)	การเช็คอิน	gaan chék in
Check-in-Schalter (m)	เคาน์เตอร์เช็คอิน	khao-dtêr chék in
sich registrieren lassen	เช็คอิน	chék in

| Bordkarte (f) | บัตรที่นั่ง | bàt thêe nâng |
| Abfluggate (n) | ช่องเขา | chông khâo |

Transit (m)	การต่อเที่ยวบิน	gaan tòr thîeow bin
warten (vi)	รอ	ror
Wartesaal (m)	ห้องผู้โดยสารขาออก	hôrng phôo doi săan khăa òk
begleiten (vt)	ไปส่ง	bpai sòng
sich verabschieden	บอกลา	bòrk laa

24. Flugzeug

Flugzeug (n)	เครื่องบิน	khrêuang bin
Flugticket (n)	ตั๋วเครื่องบิน	dtŭa khrêuang bin
Fluggesellschaft (f)	สายการบิน	săai gaan bin
Flughafen (m)	สนามบิน	sà-năam bin
Überschall-	ความเร็วเหนือเสียง	khwaam reo nĕua-sĭang

Flugkapitän (m)	กัปตัน	gàp dtan
Besatzung (f)	ลูกเรือ	lôok reua
Pilot (m)	นักบิน	nák bin
Flugbegleiterin (f)	พนักงวนต้อนรับ บนเครื่องบิน	phá-nák ngaan dtôrn ráp bon khrêuang bin
Steuermann (m)	ต้นหน	dtôn hŏn

Flügel (pl)	ปีก	bpèek
Schwanz (m)	หาง	hăang
Kabine (f)	ห้องนักบิน	hôrng nák bin
Motor (m)	เครื่องยนต์	khrêuang yon
Fahrgestell (n)	โครงส่วนล่าง ของเครื่องบิน	khrorng sùan lâang khŏrng khrêuang bin
Turbine (f)	กังหัน	gang-hăn

Propeller (m)	ใบพัด	bai phát
Flugschreiber (m)	กล่องดำ	glòrng dam
Steuerrad (n)	คันบังคับ	khan bang-kháp
Treibstoff (m)	เชื้อเพลิง	chéua phlerng

Sicherheitskarte (f)	คู่มือความปลอดภัย	khôo meu khwaam bplòt phai
Sauerstoffmaske (f)	หน้ากากอ็อกซิเจน	nâa gàak ók sí jayn
Uniform (f)	เครื่องแบบ	khrêuang bàep
Rettungsweste (f)	เสื้อชูชีพ	sêua choo chêep
Fallschirm (m)	ร่มชูชีพ	rôm choo chêep

Abflug, Start (m)	การบินขึ้น	gaan bin khêun
starten (vi)	บินขึ้น	bin khêun
Startbahn (f)	ทางวิ่งเครื่องบิน	thaang wîng khrêuang bin

Sicht (f)	ทัศนวิสัย	thát sá ná wí-săi
Flug (m)	การบิน	gaan bin
Höhe (f)	ความสูง	khwaam sŏong
Luftloch (n)	หลุมอากาศ	lŭm aa-gàat

| Platz (m) | ที่นั่ง | thêe nâng |
| Kopfhörer (m) | หูฟัง | hŏo fang |

Klapptisch (m)	ถาดพับเก็บได้	thàat pháp gèp dâai
Bullauge (n)	หน้าต่างเครื่องบิน	nâa dtàang khrêuang bin
Durchgang (m)	ทางเดิน	thaang dern

25. Zug

Zug (m)	รถไฟ	rót fai
elektrischer Zug (m)	รถไฟชานเมือง	rót fai chaan meuang
Schnellzug (m)	รถไฟด่วน	rót fai dùan
Diesellok (f)	รถจักรดีเซล	rót jàk dee-sayn
Dampflok (f)	รถจักรไอน้ำ	rót jàk ai náam
Personenwagen (m)	ตู้โดยสาร	dtôo doi sǎan
Speisewagen (m)	ตู้เสบียง	dtôo sà-biang
Schienen (pl)	รางรถไฟ	raang rót fai
Eisenbahn (f)	ทางรถไฟ	thaang rót fai
Bahnschwelle (f)	หมอนรองราง	mǒrn rorng raang
Bahnsteig (m)	ชานชลา	chaan-chá-laa
Gleis (n)	ราง	raang
Eisenbahnsignal (n)	ไฟสัญญาณรถไฟ	fai sǎn-yaan rót fai
Station (f)	สถานี	sà-thǎa-nee
Lokomotivführer (m)	คนขับรถไฟ	khon khàp rót fai
Träger (m)	พนักงานยกกระเป๋า	phá-nák ngaan yók grà-bpǎo
Schaffner (m)	พนักงานรถไฟ	phá-nák ngaan rót fai
Fahrgast (m)	ผู้โดยสาร	phôo doi sǎan
Fahrkartenkontrolleur (m)	พนักงานตรวจตั๋ว	phá-nák ngaan dtrùat dtǔa
Flur (m)	ทางเดิน	thaang dern
Notbremse (f)	เบรคฉุกเฉิน	bràyk chùk-chěrn
Abteil (n)	ตู้นอน	dtôo norn
Liegeplatz (m), Schlafkoje (f)	เตียง	dtiang
oberer Liegeplatz (m)	เตียงบน	dtiang bon
unterer Liegeplatz (m)	เตียงล่าง	dtiang lâang
Bettwäsche (f)	ชุดเครื่องนอน	chút khrêuang norn
Fahrkarte (f)	ตั๋ว	dtǔa
Fahrplan (m)	ตารางเวลา	dtaa-raang way-laa
Anzeigetafel (f)	กระดานแสดงข้อมูล	grà daan sà-daeng khôr moon
abfahren (der Zug)	ออกเดินทาง	òrk dern thaang
Abfahrt (f)	การออกเดินทาง	gaan òrk dern thaang
ankommen (der Zug)	มาถึง	maa thěung
Ankunft (f)	การมาถึง	gaan maa thěung
mit dem Zug kommen	มาถึงโดยรถไฟ	maa thěung doi rót fai
in den Zug einsteigen	ขึ้นรถไฟ	khêun rót fai
aus dem Zug aussteigen	ลงจากรถไฟ	long jàak rót fai
Zugunglück (n)	รถไฟตกราง	rót fai dtòk raang
entgleisen (vi)	ตกราง	dtòk raang

Dampflok (f)	หัวรถจักรไอน้ำ	hǔa rót jàk ai náam
Heizer (m)	คนควบคุมเตาไฟ	khon khûap khum dtao fai
Feuerbüchse (f)	เตาไฟ	dtao fai
Kohle (f)	ถ่านหิน	thàan hǐn

26. Schiff

| Schiff (n) | เรือ | reua |
| Fahrzeug (n) | เรือ | reua |

Dampfer (m)	เรือจักรไอน้ำ	reua jàk ai náam
Motorschiff (n)	เรือลองแมน้ำ	reua lông mâe náam
Kreuzfahrtschiff (n)	เรือเดินสมุทร	reua dern sà-mùt
Kreuzer (m)	เรือลาดตระเวน	reua lâat dtrà-wayn

Jacht (f)	เรือยอชต์	reua yôt
Schlepper (m)	เรือลากจูง	reua lâak joong
Lastkahn (m)	เรือบรรทุก	reua ban-thúk
Fähre (f)	เรือข้ามฟาก	reua khâam fâak

| Segelschiff (n) | เรือใบ | reua bai |
| Brigantine (f) | เรือใบสองเสากระโดง | reua bai sǒrng sǎo grà-dohng |

| Eisbrecher (m) | เรือตัดน้ำแข็ง | reua dtàt náam khǎeng |
| U-Boot (n) | เรือดำน้ำ | reua dam náam |

Boot (n)	เรือพาย	reua phaai
Dingi (n), Beiboot (n)	เรือบดเล็ก	reua bòt lék
Rettungsboot (n)	เรือชูชีพ	reua choo chêep
Motorboot (n)	เรือยนต์	reua yon

Kapitän (m)	กัปตัน	gàp dtan
Matrose (m)	นาวิน	naa-win
Seemann (m)	คนเรือ	khon reua
Besatzung (f)	กะลาสี	gà-laa-sěe

Bootsmann (m)	สรั่ง	sà-ràng
Schiffsjunge (m)	คนช่วยงานในเรือ	khon chûay ngaan nai reua
Schiffskoch (m)	กุ๊ก	gúk
Schiffsarzt (m)	แพทย์เรือ	phâet reua

Deck (n)	ดาดฟ้าเรือ	dàat-fáa reua
Mast (m)	เสากระโดงเรือ	sǎo grà-dohng reua
Segel (n)	ใบเรือ	bai reua

Schiffsraum (m)	ท้องเรือ	thórng-reua
Bug (m)	หัวเรือ	hǔa-reua
Heck (n)	ท้ายเรือ	tháai reua
Ruder (n)	ไม้พาย	máai phaai
Schraube (f)	ใบจักร	bai jàk

Kajüte (f)	ห้องพัก	hôrng phák
Messe (f)	ห้องอาหาร	hôrng aa-hǎan
Maschinenraum (m)	ห้องเครื่องยนต์	hôrng khrêuang yon

Kommandobrücke (f)	สะพานเดินเรือ	sà-phaan dern reua
Funkraum (m)	ห้องวิทยุ	hôrng wít-thá-yú
Radiowelle (f)	คลื่นความถี่	khlêun khwaam thèe
Schiffstagebuch (n)	สมุดบันทึก	sà-mùt ban-théuk
Fernrohr (n)	กล้องส่องทางไกล	glôrng sòrng thaang glai
Glocke (f)	ระฆัง	rá-khang
Fahne (f)	ธง	thorng
Seil (n)	เชือก	chêuak
Knoten (m)	ปม	bpom
Geländer (n)	ราว	raao
Treppe (f)	ไม่พาดให้	mái phâat hâi
	ขึ้นลงเรือ	khêun long reua
Anker (m)	สมอ	sà-mǒr
den Anker lichten	ถอนสมอ	thǒrn sà-mǒr
Anker werfen	ทอดสมอ	thôrt sà-mǒr
Ankerkette (f)	โซ่สมอเรือ	sôh sà-mǒr reua
Hafen (m)	ท่าเรือ	thâa reua
Anlegestelle (f)	ท่า	thâa
anlegen (vi)	จอดเทียบท่า	jòt thîap tâa
abstoßen (vt)	ออกจากท่า	òrk jàak tâa
Reise (f)	การเดินทาง	gaan dern thaang
Kreuzfahrt (f)	การล่องเรือ	gaan lôrng reua
Kurs (m), Richtung (f)	เส้นทาง	sên thaang
Reiseroute (f)	เสนทาง	sên thaang
Fahrwasser (n)	ร่องเรือเดิน	rông reua dern
Untiefe (f)	โขด	khòht
stranden (vi)	เกยตื้น	goie dtêun
Sturm (m)	พายุ	phaa-yú
Signal (n)	สัญญาณ	sǎn-yaan
untergehen (vi)	ลม	lôm
Mann über Bord!	คนตกเรือ!	kon dtòk reua
SOS	SOS	es-o-es
Rettungsring (m)	ห่วงยาง	hùang yaang

STADT

27. Innerstädtischer Transport

Bus (m)	รถเมล์	rót may
Straßenbahn (f)	รถราง	rót raang
Obus (m)	รถโดยสารประจำ ทางไฟฟ้า	rót doi săan bprà-jam thaang fai fáa
Linie (f)	เส้นทาง	sên thaang
Nummer (f)	หมายเลข	măai lâyk
mit ... fahren	ไปด้วย	bpai dûay
einsteigen (vi)	ขึ้น	khêun
aussteigen (aus dem Bus)	ลง	long
Haltestelle (f)	ป้าย	bpâai
nächste Haltestelle (f)	ป้ายถัดไป	bpâai thàt bpai
Endhaltestelle (f)	ป้ายสุดท้าย	bpâai sùt tháai
Fahrplan (m)	ตารางเวลา	dtaa-raang way-laa
warten (vi, vt)	รอ	ror
Fahrkarte (f)	ตั๋ว	dtŭa
Fahrpreis (m)	ค่าตั๋ว	khâa dtŭa
Kassierer (m)	คนขายตั๋ว	khon khăai dtŭa
Fahrkartenkontrolle (f)	การตรวจตั๋ว	gaan dtrùat dtŭa
Fahrkartenkontrolleur (m)	พนักงานตรวจตั๋ว	phá-nák ngaan dtrùat dtŭa
sich verspäten	ไปสาย	bpai săai
versäumen (Zug usw.)	พลาด	phlâat
sich beeilen	รีบเร่ง	rêep râyng
Taxi (n)	แท็กซี่	tháek-sêe
Taxifahrer (m)	คนขับแท็กซี่	khon khàp tháek-sêe
mit dem Taxi	โดยแท็กซี่	doi tháek-sêe
Taxistand (m)	ป้ายจอดแท็กซี่	bpâai jòrt tháek sêe
ein Taxi rufen	เรียกแท็กซี่	rîak tháek sêe
ein Taxi nehmen	ขึ้นรถแท็กซี่	khêun rót tháek-sêe
Straßenverkehr (m)	การจราจร	gaan jà-raa-jon
Stau (m)	การจราจรติดขัด	gaan jà-raa-jon dtìt khàt
Hauptverkehrszeit (f)	ชั่วโมงเร่งด่วน	chûa mohng râyng dùan
parken (vi)	จอด	jòrt
parken (vt)	จอด	jòrt
Parkplatz (m)	ลานจอดรถ	laan jòrt rót
U-Bahn (f)	รถไฟใต้ดิน	rót fai dtâi din
Station (f)	สถานี	sà-thăa-nee
mit der U-Bahn fahren	ขึ้นรถไฟใต้ดิน	khêun rót fai dtâi din
Zug (m)	รถไฟ	rót fai
Bahnhof (m)	สถานีรถไฟ	sà-thăa-nee rót fai

28. Stadt. Leben in der Stadt

Stadt (f)	เมือง	meuang
Hauptstadt (f)	เมืองหลวง	meuang lǔang
Dorf (n)	หมู่บ้าน	mòo bâan

Stadtplan (m)	แผนที่เมือง	phǎen thêe meuang
Stadtzentrum (n)	ใจกลางเมือง	jai glaang-meuang
Vorort (m)	ชานเมือง	chaan meuang
Vorort-	ชานเมือง	chaan meuang

Stadtrand (m)	รอบนอกเมือง	rôrp nôrk meuang
Umgebung (f)	เขตรอบเมือง	khàyt rôrp-meuang
Stadtviertel (n)	บล็อกผังเมือง	blòrk phǎng meuang
Wohnblock (m)	บล็อกที่อยู่อาศัย	blòrk thêe yòo aa-sǎi

Straßenverkehr (m)	การจราจร	gaan jà-raa-jon
Ampel (f)	ไฟจราจร	fai jà-raa-jon
Stadtverkehr (m)	ขนส่งมวลชน	khǒn sòng muan chon
Straßenkreuzung (f)	สี่แยก	sèe yâek

Übergang (m)	ทางม้าลาย	thaang máa laai
Fußgängerunterführung (f)	อุโมงค์คนเดิน	u-mohng kon dern
überqueren (vt)	ข้าม	khâam
Fußgänger (m)	คนเดินเท้า	khon dern tháo
Gehweg (m)	ทางเท้า	thaang tháo

Brücke (f)	สะพาน	sà-phaan
Kai (m)	ทางเลียบแม่น้ำ	thaang lîap mâe náam
Springbrunnen (m)	น้ำพุ	nám phú

Allee (f)	ทางเลียบสวน	thaang lîap sǔan
Park (m)	สวน	sǔan
Boulevard (m)	ถนนกว้าง	thà-nǒn gwâang
Platz (m)	จัตุรัส	jàt-dtù-ràt
Avenue (f)	ถนนใหญ่	thà-nǒn yài
Straße (f)	ถนน	thà-nǒn
Gasse (f)	ซอย	soi
Sackgasse (f)	ทางตัน	thaang dtan

Haus (n)	บ้าน	bâan
Gebäude (n)	อาคาร	aa-khaan
Wolkenkratzer (m)	ตึกระฟ้า	dtèuk rá-fáa

Fassade (f)	ด้านหน้าอาคาร	dâan-nâa aa-khaan
Dach (n)	หลังคา	lǎng khaa
Fenster (n)	หน้าต่าง	nâa dtàang
Bogen (m)	ซุ้มประตู	súm bprà-dtoo
Säule (f)	เสา	sǎo
Ecke (f)	มุม	mum

Schaufenster (n)	หน้าต่างร้านค้า	nâa dtàang ráan kháa
Firmenschild (n)	ป้ายร้าน	bpâai ráan
Anschlag (m)	โปสเตอร์	bpòht-dtêr
Werbeposter (m)	ป้ายโฆษณา	bpâai khôht-sà-naa

Werbeschild (n)	กระดานปิดประกาศ โฆษณา	grà-daan bpìt bprà-gàat khôht-sà-naa
Müll (m)	ขยะ	khà-yà
Mülleimer (m)	ถังขยะ	thăng khà-yà
Abfall wegwerfen	ทิ้งขยะ	thíng khà-yà
Mülldeponie (f)	ที่ทิ้งขยะ	thêe thíng khà-yà

Telefonzelle (f)	ตู้โทรศัพท์	dtôo thoh-rá-sàp
Straßenlaterne (f)	เสาโคม	săo khohm
Bank (Park-)	ม้านั่ง	máa nâng

Polizist (m)	เจ้าหน้าที่ตำรวจ	jâo nâa-thêe dtam-rùat
Polizei (f)	ตำรวจ	dtam-rùat
Bettler (m)	ขอทาน	khŏr thaan
Obdachlose (m)	คนไร้บ้าน	khon rái bâan

29. Innerstädtische Einrichtungen

Laden (m)	ร้านค้า	ráan kháa
Apotheke (f)	ร้านขายยา	ráan khăai yaa
Optik (f)	ร้านตัดแว่น	ráan dtàt wâen
Einkaufszentrum (n)	ศูนย์การค้า	sŏon gaan kháa
Supermarkt (m)	ซูเปอร์มาร์เก็ต	soo-bper-maa-gèt

Bäckerei (f)	ร้านขนมปัง	ráan khà-nŏm bpang
Bäcker (m)	คนอบขนมปัง	khon òp khà-nŏm bpang
Konditorei (f)	ร้านขนม	ráan khà-nŏm
Lebensmittelladen (m)	ร้านขายของชำ	ráan khăai khŏrng cham
Metzgerei (f)	ร้านขายเนื้อ	ráan khăai néua

| Gemüseladen (m) | ร้านขายผัก | ráan khăai phàk |
| Markt (m) | ตลาด | dtà-làat |

Kaffeehaus (n)	ร้านกาแฟ	ráan gaa-fae
Restaurant (n)	ร้านอาหาร	ráan aa-hăan
Bierstube (f)	บาร์	baa
Pizzeria (f)	ร้านพิซซ่า	ráan phís-sâa

Friseursalon (m)	ร้านทำผม	ráan tham phŏm
Post (f)	โรงไปรษณีย์	rohng bprai-sà-nee
chemische Reinigung (f)	ร้านซักแห้ง	ráan sák hâeng
Fotostudio (n)	ห้องถ่ายภาพ	hôrng thàai phâap

Schuhgeschäft (n)	ร้านขายรองเท้า	ráan khăai rorng táo
Buchhandlung (f)	ร้านขายหนังสือ	ráan khăai năng-sĕu
Sportgeschäft (n)	ร้านขายอุปกรณ์กีฬา	ráan khăai u-bpà-gon gee-laa

Kleiderreparatur (f)	ร้านซ่อมเสื้อผ้า	ráan sôrm sêua phâa
Bekleidungsverleih (m)	ร้านเช่าเสื้อออกงาน	ráan châo sêua òrk ngaan
Videothek (f)	ร้านเช่าวิดีโอ	ráan châo wí-dee-oh

Zirkus (m)	โรงละครสัตว์	rohng lá-khon sàt
Zoo (m)	สวนสัตว์	sŭan sàt
Kino (n)	โรงภาพยนตร์	rohng phâap-phá-yon

| Museum (n) | พิพิธภัณฑ์ | phí-phítha phan |
| Bibliothek (f) | ห้องสมุด | hôrng sà-mùt |

Theater (n)	โรงละคร	rohng lá-khon
Opernhaus (n)	โรงอุปรากร	rohng ù-bpà-raa-gon
Nachtklub (m)	ไนท์คลับ	nai-khláp
Kasino (n)	คาสิโน	khaa-sì-noh

Moschee (f)	สุเหร่า	sù-rào
Synagoge (f)	โบสถ์ยิว	bòht yiw
Kathedrale (f)	อาสนวิหาร	aa sŏn wí-hăan
Tempel (m)	วิหาร	wí-hăan
Kirche (f)	โบสถ์	bòht

Institut (n)	วิทยาลัย	wít-thá-yaa-lai
Universität (f)	มหาวิทยาลัย	má-hăa wít-thá-yaa-lai
Schule (f)	โรงเรียน	rohng rian

Präfektur (f)	ศาลากลางจังหวัด	săa-laa glaang jang-wàt
Rathaus (n)	ศาลาเทศบาล	săa-laa thâyt-sà-baan
Hotel (n)	โรงแรม	rohng raem
Bank (f)	ธนาคาร	thá-naa-khaan

Botschaft (f)	สถานทูต	sà-thăan thôot
Reisebüro (n)	บริษัททัวร์	bor-rí-sàt thua
Informationsbüro (n)	สำนักงาน	săm-nák ngaan
	ศูนย์ข้อมูล	sŏon khôr moon
Wechselstube (f)	ร้านแลกเงิน	ráan lâek ngern

| U-Bahn (f) | รถไฟใต้ดิน | rót fai dtâi din |
| Krankenhaus (n) | โรงพยาบาล | rohng phá-yaa-baan |

| Tankstelle (f) | ปั๊มน้ำมัน | bpám náam man |
| Parkplatz (m) | ลานจอดรถ | laan jòrt rót |

30. Schilder

Firmenschild (n)	ป้ายร้าน	bpâai ráan
Aufschrift (f)	ป้ายเตือน	bpâai dteuan
Plakat (n)	โปสเตอร์	bpòht-dtêr
Wegweiser (m)	ป้ายบอกทาง	bpâai bòrk thaang
Pfeil (m)	ลูกศร	lôok sŏn

Vorsicht (f)	คำเตือน	kham dteuan
Warnung (f)	ป้ายเตือน	bpâai dteuan
warnen (vt)	เตือน	dteuan

freier Tag (m)	วันหยุด	wan yùt
Fahrplan (m)	ตารางเวลา	dtaa-raang way-laa
Öffnungszeiten (pl)	เวลาทำการ	way-laa tham gaan

HERZLICH WILLKOMMEN!	ยินดีต้อนรับ!	yin dee dtôrn ráp
EINGANG	ทางเข้า	thaang khâo
AUSGANG	ทางออก	thaang òrk

DRÜCKEN	ผลัก	phlàk
ZIEHEN	ดึง	deung
GEÖFFNET	เปิด	bpèrt
GESCHLOSSEN	ปิด	bpìt

| DAMEN, FRAUEN | หญิง | yǐng |
| HERREN, MÄNNER | ชาย | chaai |

AUSVERKAUF	ลดราคา	lót raa-khaa
REDUZIERT	ขายของลดราคา	khǎai khǒrng lót raa-khaa
NEU!	ใหม่!	mài
GRATIS	ฟรี	free

ACHTUNG!	โปรดทราบ!	bpròht sâap
ZIMMER BELEGT	ไม่มีห้องว่าง	mâi mee hôrng wâang
RESERVIERT	จองแลว	jorng láew

| VERWALTUNG | สำนักงาน | sǎm-nák ngaan |
| NUR FÜR PERSONAL | เฉพาะพนักงาน | chà-phór phá-nák ngaan |

VORSICHT BISSIGER HUND	ระวังสุนัข!	rá-wang sù-nák
RAUCHEN VERBOTEN!	ห้ามสูบบุหรี่	hâam sòop bù rèe
BITTE NICHT BERÜHREN	หามแตะ!	hâam dtàe

GEFÄHRLICH	อันตราย	an-dtà-raai
VORSICHT!	อันตราย	an-dtà-raai
HOCHSPANNUNG	ไฟฟ้าแรงสูง	fai fáa raeng sǒong
BADEN VERBOTEN	หามวายน้ำ!	hâam wâai náam
AUßER BETRIEB	เสีย	sǐa

LEICHTENTZÜNDLICH	อันตรายติดไฟ	an-dtà-raai dtìt fai
VERBOTEN	หาม	hâam
DURCHGANG VERBOTEN	หามผาน!	hâam phàan
FRISCH GESTRICHEN	สีพื้นเปียก	sěe phéun bpìak

31. Shopping

kaufen (vt)	ซื้อ	séu
Einkauf (m)	ของซื้อ	khǒrng séu
einkaufen gehen	ไปซื้อของ	bpai séu khǒrng
Einkaufen (n)	การชอปปิง	gaan chôp bping

| offen sein (Laden) | เปิด | bpèrt |
| zu sein | ปิด | bpìt |

Schuhe (pl)	รองเท้า	rorng tháo
Kleidung (f)	เสื้อผา	sêua phâa
Kosmetik (f)	เครื่องสำอาง	khrêuang sǎm-aang
Lebensmittel (pl)	อาหาร	aa-hǎan
Geschenk (n)	ของขวัญ	khǒrng khwǎn

| Verkäufer (m) | พนักงานขาย | phá-nák ngaan khǎai |
| Verkäuferin (f) | พนักงานขาย | phá-nák ngaan khǎai |

Kasse (f)	ที่จ่ายเงิน	thêe jàai ngern
Spiegel (m)	กระจก	grà-jòk
Ladentisch (m)	เคาน์เตอร์	khao-dtêr
Umkleidekabine (f)	ห้องลองเสื้อผ้า	hôrng lorng sêua phâa
anprobieren (vt)	ลอง	lorng
passen (Schuhe, Kleid)	เหมาะ	mò
gefallen (vi)	ชอบ	chôrp
Preis (m)	ราคา	raa-khaa
Preisschild (n)	ป้ายราคา	bpâai raa-khaa
kosten (vt)	ราคา	raa-khaa
Wie viel?	ราคาเท่าไหร่?	raa-khaa thâo rài
Rabatt (m)	ลดราคา	lót raa-khaa
preiswert	ไม่แพง	mâi phaeng
billig	ถูก	thòok
teuer	แพง	phaeng
Das ist teuer	มันราคาแพง	man raa-khaa phaeng
Verleih (m)	การเช่า	gaan châo
leihen, mieten (ein Auto usw.)	เช่า	châo
Kredit (m), Darlehen (n)	สินเชื่อ	sĭn chêua
auf Kredit	ซื้อเงินเชื่อ	séu ngern chêua

KLEIDUNG & ACCESSOIRES

32. Oberbekleidung. Mäntel

Kleidung (f)	เสื้อผ้า	sêua phâa
Oberkleidung (f)	เสื้อนอก	sêua nôk
Winterkleidung (f)	เสื้อกันหนาว	sêua gan năao
Mantel (m)	เสื้อโค้ท	sêua khóht
Pelzmantel (m)	เสื้อโค้ทขนสัตว์	sêua khóht khŏn sàt
Pelzjacke (f)	แจ็คเก็ตขนสัตว์	jáek-gèt khŏn sàt
Daunenjacke (f)	แจ็คเก็ตกันหนาว	jáek-gèt gan năao
Jacke (z.B. Lederjacke)	แจ็คเก็ต	jáek-gèt
Regenmantel (m)	เสื้อกันฝน	sêua gan fŏn
wasserdicht	ซึ่งกันน้ำได้	sêung gan náam dâai

33. Herren- & Damenbekleidung

Hemd (n)	เสื้อ	sêua
Hose (f)	กางเกง	gaang-gayng
Jeans (pl)	กางเกงยีนส์	gaang-gayng yeen
Jackett (n)	แจ็คเก็ตสูท	jáek-gèt sòot
Anzug (m)	ชุดสูท	chút sòot
Damenkleid (n)	ชุดเดรส	chút draet
Rock (m)	กระโปรง	grà bprohng
Bluse (f)	เสื้อ	sêua
Strickjacke (f)	แจ็คเก็ตถัก	jáek-gèt thàk
Jacke (Damen Kostüm)	แจคเก็ต	jáek-gèt
T-Shirt (n)	เสื้อยืด	sêua yêut
Shorts (pl)	กางเกงขาสั้น	gaang-gayng khăa sân
Sportanzug (m)	ชุดวอรม	chút wom
Bademantel (m)	เสื้อคลุมอาบน้ำ	sêua khlum àap náam
Schlafanzug (m)	ชุดนอน	chút norn
Sweater (m)	เสื้อไหมพรม	sêua măi phrom
Pullover (m)	เสื้อกันหนาวแบบสวม	sêua gan năao bàep sŭam
Weste (f)	เสื้อกั๊ก	sêua gák
Frack (m)	เสื้อเทลโค้ต	sêua thayn-khóht
Smoking (m)	ชุดทักซิโด	chút thák sí dôh
Uniform (f)	เครื่องแบบ	khrêuang bàep
Arbeitskleidung (f)	ชุดทำงาน	chút tam ngaan
Overall (m)	ชุดเอี๊ยม	chút íam
Kittel (z.B. Arztkittel)	เสื้อคลุม	sêua khlum

34. Kleidung. Unterwäsche

Unterwäsche (f)	ชุดชั้นใน	chút chán nai
Herrenslip (m)	กางเกงในชาย	gaang-gayng nai chaai
Damenslip (m)	กางเกงในสตรี	gaang-gayng nai sàt-dtree
Unterhemd (n)	เสื้อชั้นใน	sêua chán nai
Socken (pl)	ถุงเท้า	thǔng tháo
Nachthemd (n)	ชุดนอนสตรี	chút norn sàt-dtree
Büstenhalter (m)	ยกทรง	yók song
Kniestrümpfe (pl)	ถุงเท้ายาว	thǔng tháo yaao
Strumpfhose (f)	ถุงน่องเต็มตัว	thǔng nôrng dtem dtua
Strümpfe (pl)	ถุงน่อง	thǔng nôrng
Badeanzug (m)	ชุดว่ายน้ำ	chút wâai náam

35. Kopfbekleidung

Mütze (f)	หมวก	mùak
Filzhut (m)	หมวก	mùak
Baseballkappe (f)	หมวกเบสบอล	mùak bàyt-bon
Schiebermütze (f)	หมวกติงลี่	mùak dting lêe
Baskenmütze (f)	หูมวกเบเร่ต์	mùak bay-rây
Kapuze (f)	ฮูด	hóot
Panamahut (m)	หมวกปานามา	mùak bpaa-naa-maa
Strickmütze (f)	หมวกไหมพรม	mùak mǎi phrom
Kopftuch (n)	ผ้าโพกศีรษะ	phâa phôhk sěe-sà
Damenhut (m)	หมวกสตรี	mùak sàt-dtree
Schutzhelm (m)	หมวกนิรภัย	mùak ní-rá-phai
Feldmütze (f)	หมวกหนีบ	mùak nèep
Helm (z.B. Motorradhelm)	หมวกกันน็อค	mùak ní-rá-phai
Melone (f)	หมวกกลมทรงสูง	mùak glom song sǒong
Zylinder (m)	หมวกทรงสูง	mùak song sǒong

36. Schuhwerk

Schuhe (pl)	รองเท้า	rorng tháo
Stiefeletten (pl)	รองเท้า	rorng tháo
Halbschuhe (pl)	รองเท้า	rorng tháo
Stiefel (pl)	รองเท้าบูท	rorng tháo bòot
Hausschuhe (pl)	รองเทาแตะในบ้าน	rorng tháo dtàe nai bâan
Tennisschuhe (pl)	รองเท้ากีฬา	rorng tháo gee-laa
Leinenschuhe (pl)	รองเทาผ้าใบ	rorng tháo phâa bai
Sandalen (pl)	รองเทาแตะ	rorng tháo dtàe
Schuster (m)	คนซ่อมรองเท้า	khon sôrm rorng tháo
Absatz (m)	สนรองเทา	sôn rorng tháo

Paar (n)	คู่	khôo
Schnürsenkel (m)	เชือกรองเท้า	chêuak rorng tháo
schnüren (vt)	ผูกเชือกรองเท้า	phòok chêuak rorng tháo
Schuhlöffel (m)	ที่ชอนรองเท้า	thêe chón rorng tháo
Schuhcreme (f)	ยาขัดรองเท้า	yaa khàt rorng tháo

37. Persönliche Accessoires

Handschuhe (pl)	ถุงมือ	thŭng meu
Fausthandschuhe (pl)	ถุงมือ	thŭng meu
Schal (Kaschmir-)	ผ้าพันคอ	phâa phan khor

Brille (f)	แว่นตา	wâen dtaa
Brillengestell (n)	กรอบแว่น	gròrp wâen
Regenschirm (m)	ร่ม	rôm
Spazierstock (m)	ไม้เท้า	máai tháo
Haarbürste (f)	แปรงหวีผม	bpraeng wĕe phŏm
Fächer (m)	พัด	phát

Krawatte (f)	เนคไท	nâyk-thai
Fliege (f)	โบว์หูกระต่าย	boh hŏo grà-dtàai
Hosenträger (pl)	สายเอี๊ยม	săai íam
Taschentuch (n)	ผ้าเช็ดหน้า	phâa chét-nâa

Kamm (m)	หวี	wĕe
Haarspange (f)	ที่หนีบผม	têe nèep phŏm
Haarnadel (f)	กิ๊บ	gíp
Schnalle (f)	หัวเข็มขัด	hŭa khĕm khàt

| Gürtel (m) | เข็มขัด | khĕm khàt |
| Umhängegurt (m) | สายกระเป๋า | săai grà-bpăo |

Tasche (f)	กระเป๋า	grà-bpăo
Handtasche (f)	กระเป๋าถือ	grà-bpăo thĕu
Rucksack (m)	กระเป๋าสะพายหลัง	grà-bpăo sà-phaai lăng

38. Kleidung. Verschiedenes

Mode (f)	แฟชั่น	fae-chân
modisch	คานิยม	khâa ní-yom
Modedesigner (m)	นักออกแบบแฟชั่น	nák òrk bàep fae-chân

Kragen (m)	คอปกเสื้อ	khor bpòk sêua
Tasche (f)	กระเป๋า	grà-bpăo
Taschen-	กระเป๋า	grà-bpăo
Ärmel (m)	แขนเสื้อ	khăen sêua
Aufhänger (m)	ที่แขวนเสื้อ	thêe khwăen sêua
Hosenschlitz (m)	ซิปกางเกง	síp gaang-gayng

Reißverschluss (m)	ซิป	síp
Verschluss (m)	ซิป	síp
Knopf (m)	กระดุม	grà dum

| Knopfloch (n) | รูกระดุม | roo grà dum |
| abgehen (Knopf usw.) | หลุดออก | lùt òrk |

nähen (vi, vt)	เย็บ	yép
sticken (vt)	ปัก	bpàk
Stickerei (f)	ลายปัก	laai bpàk
Nadel (f)	เข็มเย็บผ้า	khĕm yép phâa
Faden (m)	เสนดาย	sây-dâai
Naht (f)	รอยเย็บ	roi yép

sich beschmutzen	สกปรก	sòk-gà-bpròk
Fleck (m)	รอยเปื้อน	roi bpêuan
sich knittern	พับเป็นรอยยน	pháp bpen roi yôn
zerreißen (vt)	ฉีก	chèek
Motte (f)	แมลงกินผ้า	má-laeng gin phâa

39. Kosmetikartikel. Kosmetik

Zahnpasta (f)	ยาสีฟัน	yaa sĕe fan
Zahnbürste (f)	แปรงสีฟัน	bpraeng sĕe fan
Zähne putzen	แปรงฟัน	bpraeng fan

Rasierer (m)	มีดโกน	mêet gohn
Rasiercreme (f)	ครีมโกนหนวด	khreem gohn nùat
sich rasieren	โกน	gohn

| Seife (f) | สบู่ | sà-bòo |
| Shampoo (n) | แชมพู | chaem-phoo |

Schere (f)	กรรไกร	gan-grai
Nagelfeile (f)	ตะไบเล็บ	dtà-bai lép
Nagelzange (f)	กรรไกรตัดเล็บ	gan-grai dtàt lép
Pinzette (f)	แหนบ	nàep

Kosmetik (f)	เครื่องสำอาง	khrêuang săm-aang
Gesichtsmaske (f)	มาสก์หน้า	mâak nâa
Maniküre (f)	การแตงเล็บ	gaan dtàeng lép
Maniküre machen	แตงเล็บ	dtàeng lép
Pediküre (f)	การแตงเล็บเท้า	gaan dtàeng lép táo

Kosmetiktasche (f)	กระเป๋าเครื่องสำอาง	grà-bpăo khrêuang săm-aang
Puder (m)	แป้งฝุ่น	bpâeng-fùn
Puderdose (f)	ตลับแป้ง	dtà-làp bpâeng
Rouge (n)	แป้งทาแก้ม	bpâeng thaa gâem

Parfüm (n)	น้ำหอม	nám hŏrm
Duftwasser (n)	น้ำหอมออนๆ	náam hŏrm òn òn
Lotion (f)	โลชั่น	loh-chân
Kölnischwasser (n)	โคโลญจ์	khoh-lohn

Lidschatten (m)	อายแชโดว์	aai-chae-doh
Kajalstift (m)	อายไลเนอร์	aai lai-ner
Wimperntusche (f)	มาสคารา	mâat-khaa-râa
Lippenstift (m)	ลิปสติก	líp-sà-dtìk

Nagellack (m)	น้ำยาทาเล็บ	nám yaa-thaa lép
Haarlack (m)	สเปรย์ฉีดผม	sà-bpray chèet phǒm
Deodorant (n)	ยาดับกลิ่น	yaa dàp glìn

Creme (f)	ครีม	khreem
Gesichtscreme (f)	ครีมทาหน้า	khreem thaa nâa
Handcreme (f)	ครีมทามือ	khreem thaa meu
Anti-Falten-Creme (f)	ครีมลดริ้วรอย	khreem lót ríw roi
Tagescreme (f)	ครีมกลางวัน	khreem klaang wan
Nachtcreme (f)	ครีมกลางคืน	khreem klaang kheun
Tages-	กลางวัน	glaang wan
Nacht-	กลางคืน	glaang kheun

Tampon (m)	ผ้าอนามัยแบบสอด	phâa a-naa-mai bàep sòrt
Toilettenpapier (n)	กระดาษชำระ	grà-dàat cham-rá
Föhn (m)	เครื่องเป่าผม	khrêuang bpào phǒm

40. Armbanduhren Uhren

Armbanduhr (f)	นาฬิกา	naa-lí-gaa
Zifferblatt (n)	หน้าปัด	nâa bpàt
Zeiger (m)	เข็ม	khěm
Metallarmband (n)	สายนาฬิกาข้อมือ	sǎai naa-lí-gaa khôr meu
Uhrenarmband (n)	สายรัดข้อมือ	sǎai rát khôr meu

Batterie (f)	แบตเตอรี่	bàet-dter-rêe
verbraucht sein	หมด	mòt
die Batterie wechseln	เปลี่ยนแบตเตอรี่	bplìan bàet-dter-rêe
vorgehen (vi)	เดินเร็วเกินไป	dern reo gern bpai
nachgehen (vi)	เดินช้า	dern cháa

Wanduhr (f)	นาฬิกาแขวนผนัง	naa-lí-gaa khwǎen phà-nǎng
Sanduhr (f)	นาฬิกาทราย	naa-lí-gaa saai
Sonnenuhr (f)	นาฬิกาแดด	naa-lí-gaa dàet
Wecker (m)	นาฬิกาปลุก	naa-lí-gaa bplùk
Uhrmacher (m)	ช่างซ่อมนาฬิกา	châang sôrm naa-lí-gaa
reparieren (vt)	ซ่อม	sôrm

ALLTAGSERFAHRUNG

41. Geld

Geld (n)	เงิน	ngern
Austausch (m)	การแลกเปลี่ยนสกุลเงิน	gaan lâek bplìan sà-gun ngern
Kurs (m)	อัตราแลกเปลี่ยนสกุลเงิน	àt-dtraa lâek bplìan sà-gun ngern
Geldautomat (m)	เอทีเอ็ม	ay-thee-em
Münze (f)	เหรียญ	rĭan
Dollar (m)	ดอลลาร์	dorn-lâa
Euro (m)	ยูโร	yoo-roh
Lira (f)	ลีราอิตาลี	lee-raa ì-dtaa-lee
Mark (f)	มาร์ค	mâak
Franken (m)	ฟรังค์	frang
Pfund Sterling (n)	ปอนด์สเตอร์ลิง	bporn sà-dtêr-ling
Yen (m)	เยน	yayn
Schulden (pl)	หนี้	nêe
Schuldner (m)	ลูกหนี้	lôok nêe
leihen (vt)	ให้ยืม	hâi yeum
leihen, borgen (Geld usw.)	ขอยืม	khŏr yeum
Bank (f)	ธนาคาร	thá-naa-khaan
Konto (n)	บัญชี	ban-chee
einzahlen (vt)	ฝาก	fàak
auf ein Konto einzahlen	ฝากเงินเข้าบัญชี	fàak ngern khâo ban-chee
abheben (vt)	ถอน	thŏrn
Kreditkarte (f)	บัตรเครดิต	bàt khray-dìt
Bargeld (n)	เงินสด	ngern sòt
Scheck (m)	เช็ค	chék
einen Scheck schreiben	เขียนเช็ค	khĭan chék
Scheckbuch (n)	สมุดเช็ค	sà-mùt chék
Geldtasche (f)	กระเป๋าเงิน	grà-bpăo ngern
Geldbeutel (m)	กระเป๋าสตางค์	grà-bpăo sà-dtaang
Safe (m)	ตู้เซฟ	dtôo sâyf
Erbe (m)	ทายาท	thaa-yâat
Erbschaft (f)	มรดก	mor-rá-dòrk
Vermögen (n)	เงินจำนวนมาก	ngern jam-nuan mâak
Pacht (f)	สัญญาเช่า	săn-yaa châo
Miete (f)	ค่าเช่า	kâa châo
mieten (vt)	เช่า	châo
Preis (m)	ราคา	raa-khaa

| Kosten (pl) | ราคา | raa-khaa |
| Summe (f) | จำนวนเงินรวม | jam-nuan ngern ruam |

ausgeben (vt)	จ่าย	jàai
Ausgaben (pl)	ค่าจ่าย	khâa jàai
sparen (vt)	ประหยัด	bprà-yàt
sparsam	ประหยัด	bprà-yàt

zahlen (vt)	จ่าย	jàai
Lohn (m)	การจ่ายเงิน	gaan jàai ngern
Wechselgeld (n)	เงินทอน	ngern thorn

Steuer (f)	ภาษี	phaa-sěe
Geldstrafe (f)	ค่าปรับ	khâa bpràp
bestrafen (vt)	ปรับ	bpràp

42. Post. Postdienst

Post (Postamt)	โรงไปรษณีย์	rohng bprai-sà-nee
Post (Postsendungen)	จดหมาย	jòt mǎai
Briefträger (m)	บุรุษไปรษณีย์	bù-rùt bprai-sà-nee
Öffnungszeiten (pl)	เวลาทำการ	way-laa tham gaan

Brief (m)	จดหมาย	jòt mǎai
Einschreibebrief (m)	จดหมายลงทะเบียน	jòt mǎai long thá-bian
Postkarte (f)	ไปรษณียบัตร	bprai-sà-nee-yá-bàt
Telegramm (n)	โทรเลข	thoh-rá-lâyk
Postpaket (n)	พัสดุ	phát-sà-dù
Geldanweisung (f)	การโอนเงิน	gaan ohn ngern

bekommen (vt)	รับ	ráp
abschicken (vt)	ฝาก	fàak
Absendung (f)	การฝาก	gaan fàak

| Postanschrift (f) | ที่อยู่ | thêe yòo |
| Postleitzahl (f) | รหัสไปรษณีย์ | rá-hàt bprai-sà-nee |

| Absender (m) | ผู้ฝาก | phôo fàak |
| Empfänger (m) | ผู้รับ | phôo ráp |

| Vorname (m) | ชื่อ | chêu |
| Nachname (m) | นามสกุล | naam sà-gun |

Tarif (m)	อัตราค่าส่งไปรษณีย์	àt-dtraa khâa sòng bprai-sà-nee
Standard- (Tarif)	มาตรฐาน	mâat-dtrà-thǎan
Spar- (-tarif)	ประหยัด	bprà-yàt

Gewicht (n)	น้ำหนัก	nám nàk
abwiegen (vt)	มีน้ำหนัก	mee nám nàk
Briefumschlag (m)	ซอง	sorng
Briefmarke (f)	แสตมป์ไปรษณีย์	sà-dtaem bprai-sà-nee
Briefmarke aufkleben	แสตมป์ตราประทับบนซอง	sà-dtaem dtraa bprà-tháp bon song

43. Bankgeschäft

Bank (f)	ธนาคาร	thá-naa-khaan
Filiale (f)	สาขา	săa-khăa
Berater (m)	พนักงาน	phá-nák ngaan
	ธนาคาร	thá-naa-khaan
Leiter (m)	ผู้จัดการ	phôo jàt gaan
Konto (n)	บัญชีธนาคาร	ban-chee thá-naa-kaan
Kontonummer (f)	หมายเลขบัญชี	măai lâyk ban-chee
Kontokorrent (n)	กระแสรายวัน	grà-săe raai wan
Sparkonto (n)	บัญชีออมทรัพย์	ban-chee orm sáp
ein Konto eröffnen	เปิดบัญชี	bpèrt ban-chee
das Konto schließen	ปิดบัญชี	bpìt ban-chee
einzahlen (vt)	ฝากเงินเข้าบัญชี	fàak ngern khâo ban-chee
abheben (vt)	ถอน	thŏrn
Einzahlung (f)	การฝาก	gaan fàak
eine Einzahlung machen	ฝาก	fàak
Überweisung (f)	การโอนเงิน	gaan ohn ngern
überweisen (vt)	โอนเงิน	ohn ngern
Summe (f)	จำนวนเงินรวม	jam-nuan ngern ruam
Wieviel?	เท่าไหร่?	thâo rài
Unterschrift (f)	ลายมือชื่อ	laai meu chêu
unterschreiben (vt)	ลงนาม	long naam
Kreditkarte (f)	บัตรเครดิต	bàt khray-dìt
Code (m)	รหัส	rá-hàt
Kreditkartennummer (f)	หมายเลขบัตรเครดิต	măai lâyk bàt khray-dìt
Geldautomat (m)	เอทีเอ็ม	ay-thee-em
Scheck (m)	เช็ค	chék
einen Scheck schreiben	เขียนเช็ค	khĭan chék
Scheckbuch (n)	สมุดเช็ค	sà-mùt chék
Darlehen (m)	เงินกู้	ngern gôo
ein Darlehen beantragen	ขอสินเชื่อ	khŏr sĭn chêua
ein Darlehen aufnehmen	กู้เงิน	gôo ngern
ein Darlehen geben	ให้กู้เงิน	hâi gôo ngern
Sicherheit (f)	การรับประกัน	gaan ráp bprà-gan

44. Telefon. Telefongespräche

Telefon (n)	โทรศัพท์	thoh-rá-sàp
Mobiltelefon (n)	มือถือ	meu thĕu
Anrufbeantworter (m)	เครื่องพูดตอบ	khrêuang phôot dtòp
anrufen (vt)	โทรศัพท์	thoh-rá-sàp
Anruf (m)	การโทรศัพท์	gaan thoh-rá-sàp

eine Nummer wählen	หมุนหมายเลขโทรศัพท์	mŭn măai lâyk thoh-rá-sàp
Hallo!	สวัสดี!	sà-wàt-dee
fragen (vt)	ถาม	thăam
antworten (vi)	รับสาย	ráp săai
hören (vt)	ได้ยิน	dâai yin
gut (~ aussehen)	ดี	dee
schlecht (Adv)	ไม่ดี	mâi dee
Störungen (pl)	เสียงรบกวน	sĭang róp guan
Hörer (m)	ตัวรับสัญญาณ	dtua ráp săn-yaan
den Hörer abnehmen	รับสาย	ráp săai
auflegen (den Hörer ~)	วางสาย	waang săai
besetzt	ไม่ว่าง	mâi wâang
läuten (vi)	ดัง	dang
Telefonbuch (n)	สมุดโทรศัพท์	sà-mùt thoh-rá-sàp
Orts-	ในประเทศ	nai bprà-thâyt
Ortsgespräch (n)	โทรในประเทศ	thoh nai bprà-thâyt
Auslands-	ต่างประเทศ	dtàang bprà-thâyt
Auslandsgespräch (n)	โทรต่างประเทศ	thoh dtàang bprà-thâyt
Fern-	ระยะไกล	rá-yá glai
Ferngespräch (n)	โทรระยะไกล	thoh-rá-yá glai

45. Mobiltelefon

Mobiltelefon (n)	มือถือ	meu thĕu
Display (n)	หน้าจอ	nâa jor
Knopf (m)	ปุ่ม	bpùm
SIM-Karte (f)	ซิมการ์ด	sím gàat
Batterie (f)	แบตเตอรี่	bàet-dter-rêe
leer sein (Batterie)	หมด	mòt
Ladegerät (n)	ที่ชาร์จ	thêe châat
Menü (n)	เมนู	may-noo
Einstellungen (pl)	การตั้งค่า	gaan dtâng khâa
Melodie (f)	เสียงเพลง	sĭang phlayng
auswählen (vt)	เลือก	lêuak
Rechner (m)	เครื่องคิดเลข	khrêuang khít lâyk
Anrufbeantworter (m)	ขอความเสียง	khôr khwaam sĭang
Wecker (m)	นาฬิกาปลุก	naa-lí-gaa bplùk
Kontakte (pl)	รายชื่อผู้ติดต่อ	raai chêu phôo dtìt dtòr
SMS-Nachricht (f)	şMS	es-e-mes
Teilnehmer (m)	ผู้สมัครรับบริการ	phôo sà-màk ráp bor-rí-gaan

46. Bürobedarf

| Kugelschreiber (m) | ปากกาลูกลื่น | bpàak gaa lôok lêun |
| Federhalter (m) | ปากกาหมึกซึม | bpàak gaa mèuk seum |

Bleistift (m)	ดินสอ	din-sǒr
Faserschreiber (m)	ปากกาเน้น	bpàak gaa náyn
Filzstift (m)	ปากกาเมจิค	bpàak gaa may jìk

| Notizblock (m) | สมุดจด | sà-mùt jòt |
| Terminkalender (m) | สมุดบันทึกรายวัน | sà-mùt ban-théuk raai wan |

Lineal (n)	ไม้บรรทัด	máai ban-thát
Rechner (m)	เครื่องคิดเลข	khrêuang khít lâyk
Radiergummi (m)	ยางลบ	yaang lóp
Reißzwecke (f)	เป๊ก	bpáyk
Heftklammer (f)	ลวดหนีบกระดาษ	lûat nèep grà-dàat

Klebstoff (m)	กาว	gaao
Hefter (m)	ที่เย็บกระดาษ	thêe yép grà-dàat
Locher (m)	ที่เจาะรูกระดาษ	thêe jòr roo grà-dàat
Bleistiftspitzer (m)	ที่เหลาดินสอ	thêe lǎo din-sǒr

47. Fremdsprachen

Sprache (f)	ภาษา	phaa-sǎa
Fremd-	ตางชาติ	dtàang châat
Fremdsprache (f)	ภาษาตางชาติ	phaa-sǎa dtàang châat
studieren (z.B. Jura ~)	เรียน	rian
lernen (Englisch ~)	เรียน	rian

lesen (vi, vt)	อ่าน	àan
sprechen (vi, vt)	พูด	phôot
verstehen (vt)	เข้าใจ	khâo jai
schreiben (vi, vt)	เขียน	khǐan

schnell (Adv)	รวดเร็ว	rûat reo
langsam (Adv)	อย่างช้า	yàang cháa
fließend (Adv)	อย่างคลอง	yàang khlôrng

Regeln (pl)	กฎ	gòt
Grammatik (f)	ไวยากรณ์	wai-yaa-gon
Vokabular (n)	คำศัพท์	kham sàp
Phonetik (f)	การออกเสียง	gaan òrk sǐang

Lehrbuch (n)	หนังสือเรียน	nǎng-sěu rian
Wörterbuch (n)	พจนานุกรม	phót-jà-naa-nú-grom
Selbstlernbuch (n)	หนังสือแบบเรียน ด้วยตนเอง	nǎng-sěu bàep rian dûay dton ayng
Sprachführer (m)	เฟรสบุก	frayt bùk

Kassette (f)	เทปคาสเซ็ตต์	thâyp khaas-sét
Videokassette (f)	วิดีโอ	wí-dee-oh
CD (f)	CD	see-dee
DVD (f)	DVD	dee-wee-dee

Alphabet (n)	ตัวอักษร	dtua àk-sǒn
buchstabieren (vt)	สะกด	sà-gòt
Aussprache (f)	การออกเสียง	gaan òrk sǐang

Akzent (m)	สำเนียง	săm-niang
mit Akzent	มีสำเนียง	mee săm-niang
ohne Akzent	ไมมีสำเนียง	mâi mee săm-niang
Wort (n)	คำ	kham
Bedeutung (f)	ความหมาย	khwaam măai
Kurse (pl)	หลักสูตร	làk sòot
sich einschreiben	สมัคร	sà-màk
Lehrer (m)	อาจารย์	aa-jaan
Übertragung (f)	การแปล	gaan bplae
Übersetzung (f)	คำแปล	kham bplae
Übersetzer (m)	นักแปล	nák bplae
Dolmetscher (m)	ลาม	lâam
Polyglott (m, f)	ผู้รู้หลายภาษา	phôo róo lăai paa-săa
Gedächtnis (n)	ความทรงจำ	khwaam song jam

MAHLZEITEN. RESTAURANT

48. Gedeck

Löffel (m)	ช้อน	chórn
Messer (n)	มีด	mêet
Gabel (f)	ส้อม	sôrm
Tasse (eine ~ Tee)	แก้ว	gâew
Teller (m)	จาน	jaan
Untertasse (f)	จานรอง	jaan rorng
Serviette (f)	ผ้าเช็ดปาก	phâa chét bpàak
Zahnstocher (m)	ไม้จิ้มฟัน	máai jîm fan

49. Restaurant

Restaurant (n)	ร้านอาหาร	ráan aa-hǎan
Kaffeehaus (n)	ร้านกาแฟ	ráan gaa-fae
Bar (f)	ร้านเหล้า	ráan lâo
Teesalon (m)	ร้านน้ำชา	ráan nám chaa
Kellner (m)	คนเสิร์ฟชาย	khon sèrf chaai
Kellnerin (f)	คนเสิร์ฟหญิง	khon sèrf yǐng
Barmixer (m)	บาร์เทนเดอร์	baa-thayn-dêr
Speisekarte (f)	เมนู	may-noo
Weinkarte (f)	รายการไวน์	raai gaan wai
einen Tisch reservieren	จองโต๊ะ	jorng dtó
Gericht (n)	มื้ออาหาร	méu aa-hǎan
bestellen (vt)	สั่ง	sàng
eine Bestellung aufgeben	สั่งอาหาร	sàng aa-hǎan
Aperitif (m)	เครื่องดื่มเหล้า	khrêuang dèum lâo
	ก่อนอาหาร	gòrn aa-hǎan
Vorspeise (f)	ของกินเล่น	khǒrng gin lâyn
Nachtisch (m)	ของหวาน	khǒrng wǎan
Rechnung (f)	คิดเงิน	khít ngern
Rechnung bezahlen	จ่ายค่าอาหาร	jàai khâa aa hǎan
das Wechselgeld geben	ให้เงินทอน	hâi ngern thorn
Trinkgeld (n)	เงินทิป	ngern thíp

50. Mahlzeiten

Essen (n)	อาหาร	aa-hǎan
essen (vi, vt)	กิน	gin

Frühstück (n)	อาหารเช้า	aa-hăan cháo
frühstücken (vi)	ทานอาหารเช้า	thaan aa-hăan cháo
Mittagessen (n)	ขาวเที่ยง	khâao thîang
zu Mittag essen	ทานอาหารเที่ยง	thaan aa-hăan thîang
Abendessen (n)	อาหารเย็น	aa-hăan yen
zu Abend essen	ทานอาหารเย็น	thaan aa-hăan yen
Appetit (m)	ความอยากอาหาร	kwaam yàak aa hăan
Guten Appetit!	กินให้อร่อย!	gin hâi a-ròi
öffnen (vt)	เปิด	bpèrt
verschütten (vt)	ทำหก	tham hòk
verschüttet werden	ทำหกออกมา	tham hòk òrk maa
kochen (vi)	ต้ม	dtôm
kochen (Wasser ~)	ตุ๋ม	dtôm
gekocht (Adj)	ตุ๋ม	dtôm
kühlen (vt)	แช่เย็น	châe yen
abkühlen (vi)	แช่เย็น	châe yen
Geschmack (m)	รสชาติ	rót châat
Beigeschmack (m)	รส	rót
auf Diät sein	ลดน้ำหนัก	lót nám nàk
Diät (f)	อาหารพิเศษ	aa-hăan phí-sàyt
Vitamin (n)	วิตามิน	wí-dtaa-min
Kalorie (f)	แคลอรี่	khae-lor-rêe
Vegetarier (m)	คนกินเจ	khon gin jay
vegetarisch (Adj)	มังสวิรัติ	mang-sà-wí-rát
Fett (n)	ไขมัน	khăi man
Protein (n)	โปรตีน	bproh-dteen
Kohlenhydrat (n)	คาร์โบไฮเดรต	kaa-boh-hai-dràyt
Scheibchen (n)	แผ่น	phàen
Stück (ein ~ Kuchen)	ชิ้น	chín
Krümel (m)	เศษ	sàyt

51. Gerichte

Gericht (n)	มื้ออาหาร	méu aa-hăan
Küche (f)	อาหาร	aa-hăan
Rezept (n)	ตำราอาหาร	dtam-raa aa-hăan
Portion (f)	สวน	sùan
Salat (m)	สลัด	sà-làt
Suppe (f)	ซุป	súp
Brühe (f), Bouillon (f)	ซุปน้ำใส	súp nám-săi
belegtes Brot (n)	แซนด์วิช	saen-wít
Spiegelei (n)	ไขทอด	khài thôrt
Hamburger (m)	แฮมเบอร์เกอร์	haem-ber-gêr
Beefsteak (n)	สเต็กเนื้อ	sà-dtèk néua

Beilage (f)	เครื่องเคียง	khrêuang khiang
Spaghetti (pl)	สปาเก็ตตี้	sà-bpaa-gèt-dtêe
Kartoffelpüree (n)	มันฝรั่งบด	man fà-ràng bòt
Pizza (f)	พิซซา	phít-sâa
Brei (m)	ขาวตม	khâao-dtôm
Omelett (n)	ไขเจียว	khài jieow

gekocht	ต้ม	dtôm
geräuchert	รมควัน	rom khwan
gebraten	ทอด	thôrt
getrocknet	ตากแหง	dtàak hâeng
tiefgekühlt	แชแข็ง	châe khǎeng
mariniert	ดอง	dorng

süß	หวาน	wǎan
salzig	เค็ม	khem
kalt	เย็น	yen
heiß	รอน	rórn
bitter	ขม	khǒm
lecker	อรอย	à-ròi

kochen (vt)	ต้ม	dtôm
zubereiten (vt)	ทำอาหาร	tham aa-hǎan
braten (vt)	ทอด	thôrt
aufwärmen (vt)	อุน	ùn

salzen (vt)	ใสเกลือ	sài gleua
pfeffern (vt)	ใสพริกไทย	sài phrík thai
reiben (vt)	ขูด	khòot
Schale (f)	เปลือก	bplêuak
schälen (vt)	ปอกเปลือก	bpòrk bplêuak

52. Essen

Fleisch (n)	เนื้อ	néua
Hühnerfleisch (n)	ไก	gài
Küken (n)	เนื้อลูกไก	néua lôok gài
Ente (f)	เป็ด	bpèt
Gans (f)	หาน	hàan
Wild (n)	สัตวที่ลา	sàt thêe lâa
Pute (f)	ไกงวง	gài nguang

Schweinefleisch (n)	เนื้อหมู	néua mǒo
Kalbfleisch (n)	เนื้อลูกวัว	néua lôok wua
Hammelfleisch (n)	เนื้อแกะ	néua gàe
Rindfleisch (n)	เนื้อวัว	néua wua
Kaninchenfleisch (n)	เนื้อกระตาย	néua grà-dtàai

Wurst (f)	ไสกรอก	sâi gròrk
Würstchen (n)	ไสกรอกเวียนนา	sâi gròrk wian-naa
Schinkenspeck (m)	หมูเบคอน	mǒo bay-khorn
Schinken (m)	แฮม	haem
Räucherschinken (m)	แฮมแกมมอน	haem gaem-morn
Pastete (f)	ปาเต	bpaa dtay

Leber (f)	ตับ	dtàp
Hackfleisch (n)	เนื้อสับ	néua sàp
Zunge (f)	ลิ้น	lín

Ei (n)	ไข่	khài
Eier (pl)	ไข่	khài
Eiweiß (n)	ไข่ขาว	khài khǎao
Eigelb (n)	ไขแดง	khài daeng

Fisch (m)	ปลา	bplaa
Meeresfrüchte (pl)	อาหารทะเล	aa hǎan thá-lay
Krebstiere (pl)	สัตว์พวกกุ้งกั้งปู	sàt phûak gûng gâng bpoo
Kaviar (m)	ไขปลา	khài-bplaa

Krabbe (f)	ปู	bpoo
Garnele (f)	กุ้ง	gûng
Auster (f)	หอยนางรม	hǒi naang rom
Languste (f)	กุ้งมังกร	gûng mang-gon
Krake (m)	ปลาหมึก	bplaa mèuk
Kalmar (m)	ปลาหมึกกล้วย	bplaa mèuk-glûay

Störfleisch (n)	ปลาสเตอร์เจียน	bpláa sà-dtêr jian
Lachs (m)	ปลาแซลมอน	bplaa saen-morn
Heilbutt (m)	ปลาตาเดียว	bplaa dtaa-dieow

Dorsch (m)	ปลาค็อด	bplaa khót
Makrele (f)	ปลาแม็คเคอเร็ล	bplaa máek-kay-a-rěn
Tunfisch (m)	ปลาทูน่า	bplaa thoo-nâa
Aal (m)	ปลาไหล	bplaa lǎi

Forelle (f)	ปลาเทราท์	bplaa thrau
Sardine (f)	ปลาซาร์ดีน	bplaa saa-deen
Hecht (m)	ปลาไพค์	bplaa phai
Hering (m)	ปลาเฮอร์ริง	bplaa her-ring

Brot (n)	ขนมปัง	khà-nǒm bpang
Käse (m)	เนยแข็ง	noie khǎeng
Zucker (m)	น้ำตาล	nám dtaan
Salz (n)	เกลือ	gleua

Reis (m)	ข้าว	khâao
Teigwaren (pl)	พาสต้า	phâat-dtâa
Nudeln (pl)	กวยเตี๋ยว	gǔay-dtǐeow

Butter (f)	เนย	noie
Pflanzenöl (n)	น้ำมันพืช	nám man phêut
Sonnenblumenöl (n)	น้ำมันดอกทานตะวัน	nám man dòrk thaan dtà-wan
Margarine (f)	เนยเทียม	noie thiam

| Oliven (pl) | มะกอก | má-gòrk |
| Olivenöl (n) | น้ำมันมะกอก | nám man má-gòrk |

Milch (f)	นม	nom
Kondensmilch (f)	นมขน	nom khôn
Joghurt (m)	โยเกิร์ต	yoh-gèrt
saure Sahne (f)	ชาวร์ครีม	saao khreem

Sahne (f)	ครีม	khreem
Mayonnaise (f)	มาย็องเนส	maa-yorng-nâyt
Buttercreme (f)	ส่วนผสมของเนย	sùan phà-sǒm khǒrng
	และน้ำตาล	noie láe nám dtaan

Grütze (f)	เมล็ดธัญพืช	má-lét than-yá-phêut
Mehl (n)	แป้ง	bpâeng
Konserven (pl)	อาหารกระป๋อง	aa-hǎan grà-bpǒrng

Maisflocken (pl)	คอร์นเฟลค	khorn-flâyk
Honig (m)	น้ำผึ้ง	nám phêung
Marmelade (f)	แยม	yaem
Kaugummi (m, n)	หมากฝรั่ง	màak fà-ràng

53. Getränke

Wasser (n)	น้ำ	nám
Trinkwasser (n)	น้ำดื่ม	nám dèum
Mineralwasser (n)	น้ำแร่	nám râe

still	ไม่มีฟอง	mâi mee forng
mit Kohlensäure	น้ำอัดลม	nám àt lom
mit Gas	มีฟอง	mee forng
Eis (n)	น้ำแข็ง	nám khǎeng
mit Eis	ใส่น้ำแข็ง	sài nám khǎeng

alkoholfrei (Adj)	ไม่มีแอลกอฮอล์	mâi mee aen-gor-hor
alkoholfreies Getränk (n)	เครื่องดื่มที่ไม่มี	krêuang dèum têe mâi mee
	แอลกอฮอล	aen-gor-hor
Erfrischungsgetränk (n)	เครื่องดื่มให้	khrêuang dèum hâi
	ความสดชื่น	khwaam sòt chêun
Limonade (f)	น้ำเลมอนเนด	nám lay-morn-nâyt

Spirituosen (pl)	เหล้า	lǎu
Wein (m)	ไวน์	wai
Weißwein (m)	ไวน์ขาว	wai khǎao
Rotwein (m)	ไวน์แดง	wai daeng

Likör (m)	สุรา	sù-raa
Champagner (m)	แชมเปญ	chaem-bpayn
Wermut (m)	เหล้าองุ่นขาวซึ่งมี	lâo a-ngùn khǎao sêung mee
	กลิ่นหอม	glìn hǒrm

Whisky (m)	เหล้าวิสกี้	lǎu wít-sa -gêe
Wodka (m)	เหล้าวอดก้า	lǎu wórt-gâa
Gin (m)	เหล้ายิน	lǎu yin
Kognak (m)	เหล้าคอนยัก	lǎu khorn yák
Rum (m)	เหลารัม	lǎu ram

Kaffee (m)	กาแฟ	gaa-fae
schwarzer Kaffee (m)	กาแฟดำๆ	gaa-fae dam
Milchkaffee (m)	กาแฟใส่นม	gaa-fae sài nom
Cappuccino (m)	กาแฟคาปูชิโน	gaa-fae khaa bpoo chí noh
Pulverkaffee (m)	กาแฟสำเร็จรูป	gaa-fae sǎm-rèt rôop

Milch (f)	นม	nom
Cocktail (m)	ค็อกเทล	khók-tayn
Milchcocktail (m)	มิลค์เชค	min-châyk

Saft (m)	น้ำผลไม้	nám phŏn-lá-máai
Tomatensaft (m)	น้ำมะเขือเทศ	nám má-khĕua thâyt
Orangensaft (m)	น้ำส้ม	nám sôm
frisch gepresster Saft (m)	น้ำผลไม้คั้นสด	nám phŏn-lá-máai khán sòt

Bier (n)	เบียร์	bia
Helles (n)	เบียร์ไลท์	bia lai
Dunkelbier (n)	เบียร์ดารค	bia dàak

Tee (m)	ชา	chaa
schwarzer Tee (m)	ชาดำ	chaa dam
grüner Tee (m)	ชาเขียว	chaa khĭeow

54. Gemüse

| Gemüse (n) | ผัก | phàk |
| grünes Gemüse (pl) | ผักใบเขียว | phàk bai khĭeow |

Tomate (f)	มะเขือเทศ	má-khĕua thâyt
Gurke (f)	แตงกวา	dtaeng-gwaa
Karotte (f)	แครอท	khae-rót
Kartoffel (f)	มันฝรั่ง	man fà-ràng
Zwiebel (f)	หัวหอม	hŭa hŏrm
Knoblauch (m)	กระเทียม	grà-thiam

Kohl (m)	กะหล่ำปลี	gà-làm bplee
Blumenkohl (m)	ดอกกะหล่ำ	dòrk gà-làm
Rosenkohl (m)	กะหล่ำดาว	gà-làm-daao
Brokkoli (m)	บร็อคโคลี่	bròrk-khoh-lêe
Rote Bete (f)	บีทรูท	bee-trôot
Aubergine (f)	มะเขือยาว	má-khĕua-yaao
Zucchini (f)	แตงซูคินี	dtaeng soo-khí-nee
Kürbis (m)	ฟักทอง	fák-thorng
Rübe (f)	หัวผักกาด	hŭa-phàk-gàat

Petersilie (f)	ผักชีฝรั่ง	phàk chee fà-ràng
Dill (m)	ผักชีลาว	phàk-chee-laao
Kopf Salat (m)	ผักกาดหอม	phàk gàat hŏrm
Sellerie (m)	คื่นช่าย	khêun-châai
Spargel (m)	หน่อไม้ฝรั่ง	nòr máai fà-ràng
Spinat (m)	ผักขม	phàk khŏm

Erbse (f)	ถั่วลันเตา	thùa-lan-dtao
Bohnen (pl)	ถั่ว	thùa
Mais (m)	ข้าวโพด	khâao-phôht
weiße Bohne (f)	ถั่วรูปไต	thùa rôop dtai

Paprika (m)	พริกหยวก	phrík-yùak
Radieschen (n)	หัวไชเท้า	hŭa chai tháo
Artischocke (f)	อาร์ติโชค	aa dtì chôhk

55. Obst. Nüsse

Frucht (f)	ผลไม้	phŏn-lá-máai
Apfel (m)	แอปเปิ้ล	àep-bpêrn
Birne (f)	แพร	phae
Zitrone (f)	มะนาว	má-naao
Apfelsine (f)	ส้ม	sôm
Erdbeere (f)	สตรอว์เบอร์รี่	sà-dtror-ber-rêe
Mandarine (f)	ส้มแมนดาริน	sôm maen daa rin
Pflaume (f)	พลัม	phlam
Pfirsich (m)	ลูกทอ	lôok thór
Aprikose (f)	แอปริคอท	ae-bprì-khôrt
Himbeere (f)	ราสเบอร์รี่	râat-ber-rêe
Ananas (f)	สับปะรด	sàp-bpà-rót
Banane (f)	กล้วย	glûay
Wassermelone (f)	แตงโม	dtaeng moh
Weintrauben (pl)	องุ่น	a-ngùn
Sauerkirsche (f)	เชอร์รี่	cher-rêe
Süßkirsche (f)	เชอร์รี่ป่า	cher-rêe bpàa
Melone (f)	เมลอน	may-lorn
Grapefruit (f)	ส้มโอ	sôm oh
Avocado (f)	อะโวคาโด	a-who-khaa-doh
Papaya (f)	มะละกอ	má-lá-gor
Mango (f)	มะม่วง	má-mûang
Granatapfel (m)	ทับทิม	tháp-thim
rote Johannisbeere (f)	เรดเคอร์แรนท์	râyt-khêr-raen
schwarze Johannisbeere (f)	แบล็คเคอร์แรนท์	blàek khêr-raen
Stachelbeere (f)	กูสเบอร์รี่	gòot-ber-rêe
Heidelbeere (f)	บิลเบอร์รี่	bil-ber-rêe
Brombeere (f)	แบล็คเบอร์รี่	blàek ber-rêe
Rosinen (pl)	ลูกเกด	lôok gàyt
Feige (f)	มะเดื่อฝรั่ง	má dèua fà-ràng
Dattel (f)	ลูกอินทผลัม	lôok in-thá-plăm
Erdnuss (f)	ถั่วลิสง	thùa-lí-sŏng
Mandel (f)	อัลมอนด์	an-morn
Walnuss (f)	วอลนัต	wor-lá-nát
Haselnuss (f)	เฮเซลนัท	hay sayn nát
Kokosnuss (f)	มะพร้าว	má-phráao
Pistazien (pl)	ถั่วพิสตาชิโอ	thùa phít dtaa chí oh

56. Brot. Süßigkeiten

Konditorwaren (pl)	ขนม	khà-nŏm
Brot (n)	ขนมปัง	khà-nŏm bpang
Keks (m, n)	คุกกี้	khúk-gêe
Schokolade (f)	ช็อกโกแลต	chók-goh-láet
Schokoladen-	ช็อกโกแลต	chók-goh-láet

Bonbon (m, n)	ลูกกวาด	lôok gwàat
Kuchen (m)	ขนมเค้ก	khà-nŏm kháyk
Torte (f)	ขนมเค้ก	khà-nŏm kháyk

| Kuchen (Apfel-) | ขนมพาย | khà-nŏm phaai |
| Füllung (f) | ไส้ในขนม | sâi nai khà-nŏm |

Konfitüre (f)	แยม	yaem
Marmelade (f)	แยมผิวส้ม	yaem phǐw sôm
Waffeln (pl)	วาฟเฟิล	waaf-fern
Eis (n)	ไอศกรีม	ai-sà-greem
Pudding (m)	พุดดิ้ง	phút-dîng

57. Gewürze

Salz (n)	เกลือ	gleua
salzig (Adj)	เค็ม	khem
salzen (vt)	ใส่เกลือ	sài gleua

schwarzer Pfeffer (m)	พริกไทย	phrík thai
roter Pfeffer (m)	พริกแดง	phrík daeng
Senf (m)	มัสตาร์ด	mát-dtàat
Meerrettich (m)	ฮอสแรดิช	hórt rae dìt

Gewürz (n)	เครื่องปรุงรส	khrêuang bprung rót
Gewürz (n)	เครื่องเทศ	khrêuang thâyt
Soße (f)	ซอส	sós
Essig (m)	น้ำส้มสายชู	nám sôm sǎai choo

Anis (m)	เทียนสัตตบุษย์	thian-sàt-dtà-bùt
Basilikum (n)	ใบโหระพา	bai hǒh rá phaa
Nelke (f)	กานพลู	gaan-phloo
Ingwer (m)	ขิง	khǐng
Koriander (m)	ผักชีลา	pàk-chee-laa
Zimt (m)	อบเชย	òp-choie

Sesam (m)	งา	ngaa
Lorbeerblatt (n)	ใบกระวาน	bai grà-waan
Paprika (m)	พริกป่น	phrík bpòn
Kümmel (m)	เทียนตากบ	thian dtaa gòp
Safran (m)	หญ้าฝรั่น	yâa fà-ràn

PERSÖNLICHE INFORMATIONEN. FAMILIE

58. Persönliche Informationen. Formulare

Vorname (m)	ชื่อ	chêu
Name (m)	นามสกุล	naam sà-gun
Geburtsdatum (n)	วันเกิด	wan gèrt
Geburtsort (m)	สถานที่เกิด	sà-thǎan thêe gèrt
Nationalität (f)	สัญชาติ	sǎn-châat
Wohnort (m)	ที่อยู่อาศัย	thêe yòo aa-sǎi
Land (n)	ประเทศ	bprà-thâyt
Beruf (m)	อาชีพ	aa-chêep
Geschlecht (n)	เพศ	phâyt
Größe (f)	ความสูง	khwaam sǒong
Gewicht (n)	น้ำหนัก	nám nàk

59. Familienmitglieder. Verwandte

Mutter (f)	มารดา	maan-daa
Vater (m)	บิดา	bì-daa
Sohn (m)	ลูกชาย	lôok chaai
Tochter (f)	ลูกสาว	lôok sǎao
jüngste Tochter (f)	ลูกสาวคนเล็ก	lôok sǎao khon lék
jüngste Sohn (m)	ลูกชายคนเล็ก	lôok chaai khon lék
ältere Tochter (f)	ลูกสาวคนโต	lôok sǎao khon dtoh
älterer Sohn (m)	ลูกชายคนโต	lôok chaai khon dtoh
älterer Bruder (m)	พี่ชาย	phêe chaai
jüngerer Bruder (m)	น้องชาย	nórng chaai
ältere Schwester (f)	พี่สาว	phêe sǎao
jüngere Schwester (f)	น้องสาว	nórng sǎao
Cousin (m)	ลูกพี่ลูกน้อง	lôok phêe lôok nórng
Cousine (f)	ลูกพี่ลูกน้อง	lôok phêe lôok nórng
Mama (f)	แม่	mâe
Papa (m)	พ่อ	phôr
Eltern (pl)	พ่อแม่	phôr mâe
Kind (n)	เด็ก, ลูก	dèk, lôok
Kinder (pl)	เด็กๆ	dèk dèk
Großmutter (f)	ย่า, ยาย	yâa, yaai
Großvater (m)	ปู่, ตา	bpòo, dtaa
Enkel (m)	หลานชาย	lǎan chaai
Enkelin (f)	หลานสาว	lǎan sǎao

Enkelkinder (pl)	หลานๆ	lǎan
Onkel (m)	ลุง	lung
Tante (f)	ป้า	bpâa
Neffe (m)	หลานชาย	lǎan chaai
Nichte (f)	หลานสาว	lǎan sǎao

Schwiegermutter (f)	แม่ยาย	mâe yaai
Schwiegervater (m)	พ่อสามี	phôr sǎa-mee
Schwiegersohn (m)	ลูกเขย	lôok khǒie
Stiefmutter (f)	แม่เลี้ยง	mâe líang
Stiefvater (m)	พ่อเลี้ยง	phôr líang

Säugling (m)	ทารก	thaa-rók
Kleinkind (n)	เด็กเล็ก	dèk lék
Kleine (m)	เด็ก	dèk

Frau (f)	ภรรยา	phan-rá-yaa
Mann (m)	สามี	sǎa-mee
Ehemann (m)	สามี	sǎa-mee
Gemahlin (f)	ภรรยา	phan-rá-yaa

verheiratet (Ehemann)	แต่งงานแล้ว	dtàeng ngaan láew
verheiratet (Ehefrau)	แต่งงานแลว	dtàeng ngaan láew
ledig	เป็นโสด	bpen sòht
Junggeselle (m)	ชายโสด	chaai sòht
geschieden (Adj)	หย่าแลว	yàa láew
Witwe (f)	แม่หม้าย	mâe mâai
Witwer (m)	พ่อหม้าย	phôr mâai

Verwandte (m)	ญาติ	yâat
naher Verwandter (m)	ญาติใกล้ชิด	yâat glâi chít
entfernter Verwandter (m)	ญาติห่างๆ	yâat hàang hàang
Verwandte (pl)	ญาติๆ	yâat

Waisenjunge (m)	เด็กชายกำพร้า	dèk chaai gam phráa
Waisenmädchen (f)	เด็กหญิงกำพรา	dèk yǐng gam phráa
Vormund (m)	ผู้ปกครอง	phôo bpòk khrorng
adoptieren (einen Jungen)	บุญธรรม	bun tham
adoptieren (ein Mädchen)	บุญธรรม	bun tham

60. Freunde. Arbeitskollegen

Freund (m)	เพื่อน	phêuan
Freundin (f)	เพื่อน	phêuan
Freundschaft (f)	มิตรภาพ	mít-dtrà-phâap
befreundet sein	เป็นเพื่อน	bpen phêuan

Freund (m)	เพื่อนสนิท	phêuan sà-nìt
Freundin (f)	เพื่อนสนิท	phêuan sà-nìt
Partner (m)	หุ้นส่วน	hûn sùan

Chef (m)	หัวหน้า	hǔa-nâa
Vorgesetzte (m)	ผู้บังคับบัญชา	phôo bang-kháp ban-chaa
Besitzer (m)	เจ้าของ	jâo khǒrng

Untergeordnete (m)	ลูกน้อง	lôok nórng
Kollege (m), Kollegin (f)	เพื่อนรวมงาน	phêuan rûam ngaan
Bekannte (m)	ผู้คุ้นเคย	phôo khún khoie
Reisegefährte (m)	เพื่อนร่วมทาง	pêuan rûam thaang
Mitschüler (m)	เพื่อนรุ่น	phêuan rûn
Nachbar (m)	เพื่อนบ้านผู้ชาย	phêuan bâan pôo chaai
Nachbarin (f)	เพื่อนบ้านผู้หญิง	phêuan bâan phôo yĭng
Nachbarn (pl)	เพื่อนบ้าน	phêuan bâan

MENSCHLICHER KÖRPER. MEDIZIN

61. Kopf

Kopf (m)	หัว	hǔa
Gesicht (n)	หน้า	nâa
Nase (f)	จมูก	jà-mòok
Mund (m)	ปาก	bpàak
Auge (n)	ตา	dtaa
Augen (pl)	ตา	dtaa
Pupille (f)	รูม่านตา	roo mâan dtaa
Augenbraue (f)	คิ้ว	khíw
Wimper (f)	ขนตา	khǒn dtaa
Augenlid (n)	เปลือกตา	bplèuak dtaa
Zunge (f)	ลิ้น	lín
Zahn (m)	ฟัน	fan
Lippen (pl)	ริมฝีปาก	rim fěe bpàak
Backenknochen (pl)	โหนกแก้ม	nòhk gâem
Zahnfleisch (n)	เหงือก	ngèuak
Gaumen (m)	เพดานปาก	phay-daan bpàak
Nasenlöcher (pl)	รูจมูก	roo jà-mòok
Kinn (n)	คาง	khaang
Kiefer (m)	ขากรรไกร	khǎa gan-grai
Wange (f)	แก้ม	gâem
Stirn (f)	หน้าผาก	nâa phàak
Schläfe (f)	ขมับ	khà-màp
Ohr (n)	หู	hǒo
Nacken (m)	หลังศีรษะ	lǎng sěe-sà
Hals (m)	คอ	khor
Kehle (f)	ลำคอ	lam khor
Haare (pl)	ผม	phǒm
Frisur (f)	ทรงผม	song phǒm
Haarschnitt (m)	ทรงผม	song phǒm
Perücke (f)	ผมปลอม	phǒm bplorm
Schnurrbart (m)	หนวด	nùat
Bart (m)	เครา	krao
haben (einen Bart ~)	ลองไว้	lorng wái
Zopf (m)	ผมเปีย	phǒm bpia
Backenbart (m)	จอน	jorn
rothaarig	ผมแดง	phǒm daeng
grau	ผมหงอก	phǒm ngòrk
kahl	หัวล้าน	hǔa láan
Glatze (f)	หัวล้าน	hǔa láan

| Pferdeschwanz (m) | ผมทรงหางม้า | phŏm song hăang máa |
| Pony (Ponyfrisur) | ผมม้า | phŏm máa |

62. Menschlicher Körper

| Hand (f) | มือ | meu |
| Arm (m) | แขน | khăen |

Finger (m)	นิ้ว	níw
Zehe (f)	นิ้วเท้า	níw tháo
Daumen (m)	นิ้วโป้ง	níw bpôhng
kleiner Finger (m)	นิ้วก้อย	níw gôi
Nagel (m)	เล็บ	lép

Faust (f)	กำปั้น	gam bpân
Handfläche (f)	ฝ่ามือ	fàa meu
Handgelenk (n)	ข้อมือ	khôr meu
Unterarm (m)	แขนช่วงล่าง	khăen chûang lâang
Ellbogen (m)	ข้อศอก	khôr sòrk
Schulter (f)	ไหล่	lài

Bein (n)	ขา	khăa
Fuß (m)	เท้า	tháo
Knie (n)	หัวเข่า	hŭa khào
Wade (f)	น่อง	nôrng
Hüfte (f)	สะโพก	sà-phôhk
Ferse (f)	ส้นเท้า	sôn tháo

Körper (m)	ร่างกาย	râang gaai
Bauch (m)	ท้อง	thórng
Brust (f)	อก	òk
Busen (m)	หน้าอก	nâa òk
Seite (f), Flanke (f)	ข้าง	khâang
Rücken (m)	หลัง	lăng
Kreuz (n)	หลังส่วนล่าง	lăng sùan lâang
Taille (f)	เอว	eo

Nabel (m)	สะดือ	sà-deu
Gesäßbacken (pl)	ก้น	gôn
Hinterteil (n)	ก้น	gôn

Leberfleck (m)	ไฝเสน่ห์	făi sà-này
Muttermal (n)	ปาน	bpaan
Tätowierung (f)	รอยสัก	roi sàk
Narbe (f)	แผลเป็น	phlăe bpen

63. Krankheiten

Krankheit (f)	โรค	rôhk
krank sein	ป่วย	bpùay
Gesundheit (f)	สุขภาพ	sùk-khà-phâap
Schnupfen (m)	น้ำมูกไหล	nám môok lăi

Angina (f)	ต่อมทอนซิลอักเสบ	dtòm thorn-sin àk-sàyp
Erkältung (f)	หวัด	wàt
sich erkälten	เป็นหวัด	bpen wàt

Bronchitis (f)	โรคหลอดลมอักเสบ	rôhk lòrt lom àk-sàyp
Lungenentzündung (f)	โรคปอดบวม	rôhk bpòrt-buam
Grippe (f)	ไข้หวัดใหญ่	khâi wàt yài

kurzsichtig	สายตาสั้น	săai dtaa sân
weitsichtig	สายตายาว	săai dtaa yaao
Schielen (n)	ตาเหล่	dtaa lày
schielend (Adj)	เป็นตาเหล่	bpen dtaa kăy rĕu lày
grauer Star (m)	ต้อกระจก	dtôr grà-jòk
Glaukom (n)	ต้อหิน	dtôr hĭn

Schlaganfall (m)	โรคหลอดเลือดสมอง	rôhk lòrt lêuat sà-mŏrng
Infarkt (m)	อาการหัวใจวาย	aa-gaan hŭa jai waai
Herzinfarkt (m)	กล้ามเนื้อหัวใจตาย	glâam néua hŭa jai dtaai
	เหตุขาดเลือด	hàyt khàat lêuat
Lähmung (f)	อัมพาต	am-má-phâat
lähmen (vt)	ทำให้เป็นอัมพาต	tham hâi bpen am-má-phâat

Allergie (f)	ภูมิแพ้	phoom pháe
Asthma (n)	โรคหืด	rôhk hèut
Diabetes (m)	โรคเบาหวาน	rôhk bao wăan

| Zahnschmerz (m) | อาการปวดฟัน | aa-gaan bpùat fan |
| Karies (f) | ฟันผุ | fan phù |

Durchfall (m)	อาการท้องเสีย	aa-gaan thórng sĭa
Verstopfung (f)	อาการท้องผูก	aa-gaan thórng phòok
Magenverstimmung (f)	อาการปวดท้อง	aa-gaan bpùat thórng
Vergiftung (f)	ภาวะอาหารเป็นพิษ	phaa-wá aa hăan bpen pít
Vergiftung bekommen	กินอาหารเป็นพิษ	gin aa hăan bpen phít

Arthritis (f)	โรคข้ออักเสบ	rôhk khôr àk-sàyp
Rachitis (f)	โรคกระดูกอ่อน	rôhk grà-dòok òrn
Rheumatismus (m)	โรครูมาติก	rôhk roo-maa-dtìk
Atherosklerose (f)	ภาวะหลอดเลือดแข็ง	phaa-wá lòrt lêuat khăeng

Gastritis (f)	โรคกระเพาะอาหาร	rôhk grà-phór aa-hăan
Blinddarmentzündung (f)	ไส้ติ่งอักเสบ	sâi dting àk-sàyp
Cholezystitis (f)	โรคถุงน้ำดีอักเสบ	rôhk thŭng nám dee àk-sàyp
Geschwür (n)	แผลเปื่อย	phlăe bpèuay

Masern (pl)	โรคหัด	rôhk hàt
Röteln (pl)	โรคหัดเยอรมัน	rôhk hàt yer-rá-man
Gelbsucht (f)	โรคดีซ่าน	rôhk dee sâan
Hepatitis (f)	โรคตับอักเสบ	rôhk dtàp àk-sàyp

Schizophrenie (f)	โรคจิตเภท	rôhk jìt-dtà-phâyt
Tollwut (f)	โรคพิษสุนัขบ้า	rôhk phít sù-nák bâa
Neurose (f)	โรคประสาท	rôhk bprà-sàat
Gehirnerschütterung (f)	สมองกระทบ	sà-mŏrng grà-thóp
	กระเทือน	grà-theuan
Krebs (m)	มะเร็ง	má-reng

Sklerose (f)	กูรแข็งตัวของ เนื้อเยื่อรางกาย	gaan kăeng dtua kŏng néua yêua râang gaai
multiple Sklerose (f)	โรคปลอกประสาท เสื่อมแข็ง	rôhk bplòk bprà-sàat sèuam kăeng

Alkoholismus (m)	โรคพิษสุราเรื้อรัง	rôhk phít sù-raa réua rang
Alkoholiker (m)	คนขี้เหล้า	khon khêe lâo
Syphilis (f)	โรคซิฟีลิส	rôhk sí-fí-lít
AIDS	โรคเอดส์	rôhk àyt

Tumor (m)	เนื้องอก	néua ngôk
bösartig	ราย	ráai
gutartig	ไมราย	mâi ráai

Fieber (n)	ไข้	khâi
Malaria (f)	ไข้มาลาเรีย	kâi maa-laa-ria
Gangrän (f, n)	เนื้อตายเนา	néua dtaai nâo
Seekrankheit (f)	ภาวะเมาคลื่น	phaa-wá mao khlêun
Epilepsie (f)	โรคลมบ้าหมู	rôhk lom bâa-mŏo

Epidemie (f)	โรคระบาด	rôhk rá-bàat
Typhus (m)	โรครากสาดใหญ่	rôhk râak-sàat yài
Tuberkulose (f)	วัณโรค	wan-ná-rôhk
Cholera (f)	อหิวาตกโรค	a-hì-wâat-gà-rôhk
Pest (f)	กาฬโรค	gaan-lá-rôhk

64. Symptome. Behandlungen. Teil 1

Symptom (n)	อาการ	aa-gaan
Temperatur (f)	อุณหภูมิ	un-hà-phoom
Fieber (n)	อุณหภูมิสูง	un-hà-phoom sŏong
Puls (m)	ชีพจร	chêep-phá-jon

Schwindel (m)	อาการเวียนหัว	aa-gaan wian hŭa
heiß (Stirne usw.)	รอน	rórn
Schüttelfrost (m)	หนาวสั่น	năao sàn
blass (z.B. -es Gesicht)	หนาเชียว	nâa sieow

Husten (m)	การไอ	gaan ai
husten (vi)	ไอ	ai
niesen (vi)	จาม	jaam
Ohnmacht (f)	การเป็นลม	gaan bpen lom
ohnmächtig werden	เป็นลม	bpen lom

blauer Fleck (m)	ฟกช้ำ	fók chám
Beule (f)	บวม	buam
sich stoßen	ชน	chon
Prellung (f)	รอยฟกช้ำ	roi fók chám
sich stoßen	ได้รอยช้ำ	dâai roi chám

hinken (vi)	กะโผลกกะเผลก	gà-phlòhk-gà-phlàyk
Verrenkung (f)	ขอหลุด	khôr lùt
ausrenken (vt)	ทำขอหลุด	tham khôr lùt
Fraktur (f)	กระดูกหัก	grà-dòok hàk

brechen (Arm usw.)	หักกระดูก	hàk grà-dòok
Schnittwunde (f)	รอยบาด	roi bàat
sich schneiden	ทำบาด	tham bàat
Blutung (f)	การเลือดไหล	gaan lêuat lǎi

| Verbrennung (f) | แผลไฟไหม้ | phlǎe fai mâi |
| sich verbrennen | ได้รับแผลไฟไหม้ | dâai ráp phlǎe fai mâi |

stechen (vt)	ตำ	dtam
sich stechen	ตำตัวเอง	dtam dtua ayng
verletzen (vt)	ทำให้บาดเจ็บ	tham hâi bàat jèp
Verletzung (f)	การบาดเจ็บ	gaan bàat jèp
Wunde (f)	แผล	phlǎe
Trauma (n)	แผลบาดเจ็บ	phlǎe bàat jèp

irrereden (vi)	คลุ้มคลั่ง	khlúm khlâng
stottern (vi)	พูดตะกุกตะกัก	phôot dtà-gùk-dtà-gàk
Sonnenstich (m)	โรคลมแดด	rôhk lom dàet

65. Symptome. Behandlungen. Teil 2

| Schmerz (m) | ความเจ็บปวด | khwaam jèp bpùat |
| Splitter (m) | เสี้ยน | sîan |

Schweiß (m)	เหงื่อ	ngèua
schwitzen (vi)	เหงื่อออก	ngèua òrk
Erbrechen (n)	การอาเจียน	gaan aa-jian
Krämpfe (pl)	การชัก	gaan chák

schwanger	ตั้งครรภ์	dtâng khan
geboren sein	เกิด	gèrt
Geburt (f)	การคลอด	gaan khlôrt
gebären (vt)	คลอดบุตร	khlôrt bùt
Abtreibung (f)	การแทงบุตร	gaan tháeng bùt

Atem (m)	การหายใจ	gaan hǎai-jai
Atemzug (m)	การหายใจเข้า	gaan hǎai-jai khâo
Ausatmung (f)	การหายใจออก	gaan hǎai-jai òrk
ausatmen (vt)	หายใจออก	hǎai-jai òrk
einatmen (vt)	หายใจเข้า	hǎai-jai khâo

Invalide (m)	คนพิการ	khon phí-gaan
Krüppel (m)	พิการ	phí-gaan
Drogenabhängiger (m)	ผู้ติดยาเสพติด	phôo dtìt yaa-sàyp-dtìt

taub	หูหนวก	hǒo nùak
stumm	เป็นใบ	bpen bâi
taubstumm	หูหนวกเป็นใบ	hǒo nùak bpen bâi

verrückt (Adj)	บ้า	bâa
Irre (m)	คนบ้า	khon bâa
Irre (f)	คนบ้า	khon bâa
den Verstand verlieren	เสียสติ	sǐa sà-dtì
Gen (n)	ยีน	yeun

Immunität (f)	ภูมิคุ้มกัน	phoom khúm gan
erblich	เป็นกรรมพันธุ์	bpen gam-má-phan
angeboren	แต่กำเนิด	dtàe gam-nèrt

Virus (m, n)	เชื้อไวรัส	chéua wai-rát
Mikrobe (f)	จุลินทรีย์	jù-lin-see
Bakterie (f)	แบคทีเรีย	bàek-tee-ria
Infektion (f)	การติดเชื้อ	gaan dtìt chéua

66. Symptome. Behandlungen. Teil 3

| Krankenhaus (n) | โรงพยาบาล | rohng phá-yaa-baan |
| Patient (m) | ผู้ป่วย | phôo bpùay |

Diagnose (f)	การวินิจฉัยโรค	gaan wí-nít-chǎi rôhk
Heilung (f)	การรักษา	gaan rák-sǎa
Behandlung (f)	การรักษาทางการแพทย์	gaan rák-sǎa thaang gaan phâet

| Behandlung bekommen | รับการรักษา | ráp gaan rák-sǎa |
| behandeln (vt) | รักษา | rák-sǎa |

| pflegen (Kranke) | รักษา | rák-sǎa |
| Pflege (f) | การดูแลรักษา | gaan doo lae rák-sǎa |

Operation (f)	การผ่าตัด	gaan phàa dtàt
verbinden (vt)	พันแผล	phan phlǎe
Verband (m)	การพันแผล	gaan phan phlǎe

| Impfung (f) | การฉีดวัคซีน | gaan chèet wák-seen |
| impfen (vt) | ฉีดวัคซีน | chèet wák-seen |

| Spritze (f) | การฉีดยา | gaan chèet yaa |
| eine Spritze geben | ฉีดยา | chèet yaa |

Anfall (m)	มีอาการเฉียบพลัน	mee aa-gaan chìap phlan
Amputation (f)	การตัดอวัยวะออก	gaan dtàt a-wai-wá òrk
amputieren (vt)	ตัด	dtàt
Koma (n)	อาการโคม่า	aa-gaan khoh-mâa

| im Koma liegen | อยู่ในอาการโคม่า | yòo nai aa-gaan khoh-mâa |
| Reanimation (f) | หน่วยอภิบาล | nùay à-phí-baan |

| genesen von ... (vi) | ฟื้นตัว | féun dtua |
| Zustand (m) | อาการ | aa-gaan |

| Bewusstsein (n) | สติสัมปชัญญะ | sà-dtì sǎm-bpà-chan-yá |
| Gedächtnis (n) | ความทรงจำ | khwaam song jam |

ziehen (einen Zahn ~)	ถอน	thǒrn
Plombe (f)	การอุด	gaan ùt
plombieren (vt)	อุด	ùt

| Hypnose (f) | การสะกดจิต | gaan sà-gòt jìt |
| hypnotisieren (vt) | สะกดจิต | sà-gòt jìt |

67. Medizin. Medikamente. Accessoires

Arznei (f)	ยา	yaa
Heilmittel (n)	ยา	yaa
verschreiben (vt)	จ่ายยา	jàai yaa
Rezept (n)	ใบสั่งยา	bai sàng yaa
Tablette (f)	ยาเม็ด	yaa mét
Salbe (f)	ยาทา	yaa thaa
Ampulle (f)	หลอดยา	lòrt yaa
Mixtur (f)	ยาส่วนผสม	yaa sùan phà-sŏm
Sirup (m)	น้ำเชื่อม	nám chêuam
Pille (f)	ยาเม็ด	yaa mét
Pulver (n)	ยาผง	yaa phŏng
Verband (m)	ผ้าพันแผล	phâa phan phlăe
Watte (f)	สำลี	săm-lee
Jod (n)	ไอโอดีน	ai oh-deen
Pflaster (n)	พลาสเตอร์	phláat-dtêr
Pipette (f)	ที่หยอดตา	thêe yòrt dtaa
Thermometer (n)	ปรอท	bpa -ròrt
Spritze (f)	เข็มฉีดยา	khěm chèet-yaa
Rollstuhl (m)	รถเข็นคนพิการ	rót khěn khon phí-gaan
Krücken (pl)	ไม้ค้ำยัน	máai khám yan
Betäubungsmittel (n)	ยาแก้ปวด	yaa gâe bpùat
Abführmittel (n)	ยาระบาย	yaa rá-baai
Spiritus (m)	เอธานอล	ay-thaa-norn
Heilkraut (n)	สมุนไพร	sà-mŭn phrai
	ทางการแพทย์	thaang gaan phâet
Kräuter- (z.B. Kräutertee)	สมุนไพร	sà-mŭn phrai

WOHNUNG

68. Wohnung

Wohnung (f)	อพาร์ตเมนต์	a-phâat-mayn
Zimmer (n)	ห้อง	hôrng
Schlafzimmer (n)	ห้องนอน	hôrng norn
Esszimmer (n)	ห้องรับประทาน อาหาร	hôrng ráp bprà-thaan aa-hǎan
Wohnzimmer (n)	ห้องนั่งเล่น	hôrng nâng lên
Arbeitszimmer (n)	ห้องทำงาน	hôrng tham ngaan
Vorzimmer (n)	ห้องเข้า	hôrng khâo
Badezimmer (n)	ห้องน้ำ	hôrng náam
Toilette (f)	ห้องส้วม	hôrng sûam
Decke (f)	เพดาน	phay-daan
Fußboden (m)	พื้น	phéun
Ecke (f)	มุม	mum

69. Möbel. Innenausstattung

Möbel (n)	เครื่องเรือน	khrêuang reuan
Tisch (m)	โต๊ะ	dtó
Stuhl (m)	เก้าอี้	gâo-êe
Bett (n)	เตียง	dtiang
Sofa (n)	โซฟา	soh-faa
Sessel (m)	เก้าอี้เท้าแขน	gâo-êe tháo khǎen
Bücherschrank (m)	ตู้หนังสือ	dtôo nǎng-sěu
Regal (n)	ชั้นวาง	chán waang
Schrank (m)	ตู้เสื้อผ้า	dtôo sêua phâa
Hakenleiste (f)	ที่แขวนเสื้อ	thêe khwǎen sêua
Kleiderständer (m)	ไม้แขวนเสื้อ	mái khwǎen sêua
Kommode (f)	ตู้ลิ้นชัก	dtôo lín chák
Couchtisch (m)	โต๊ะกาแฟ	dtó gaa-fae
Spiegel (m)	กระจก	grà-jòk
Teppich (m)	พรม	phrom
Matte (kleiner Teppich)	พรมเช็ดเท้า	phrom chét tháo
Kamin (m)	เตาผิง	dtao phǐng
Kerze (f)	เทียน	thian
Kerzenleuchter (m)	เชิงเทียน	cherng thian
Vorhänge (pl)	ผ้าแขวน	phâa khwǎen
Tapete (f)	วอลเปเปอร์	worn-bpay-bper

Jalousie (f)	บานเกล็ดหน้าต่าง	baan glèt nâa dtàang
Tischlampe (f)	โคมไฟตั้งโต๊ะ	khohm fai dtâng dtó
Leuchte (f)	ไฟติดผนัง	fai dtìt phà-năng
Stehlampe (f)	โคมไฟตั้งพื้น	khohm fai dtâng phéun
Kronleuchter (m)	โคมระยา	khohm rá-yáa

Bein (Tischbein usw.)	ขา	khăa
Armlehne (f)	ที่พักแขน	thêe phák khăen
Lehne (f)	พนักพิง	phá-nák phing
Schublade (f)	ลิ้นชัก	lín chák

70. Bettwäsche

Bettwäsche (f)	ชุดผ้าปูที่นอน	chút phâa bpoo thêe norn
Kissen (n)	หมอน	mŏrn
Kissenbezug (m)	ปลอกหมอน	bplòk mŏrn
Bettdecke (f)	ผ้าห่วย	phâa phŭay
Laken (n)	ผ้าปู	phâa bpoo
Tagesdecke (f)	ผาคลุมเตียง	phâa khlum dtiang

71. Küche

Küche (f)	ห้องครัว	hôrng khrua
Gas (n)	แกส	gáet
Gasherd (m)	เตาแก๊ส	dtao gàet
Elektroherd (m)	เตาไฟฟ้า	dtao fai-fáa
Backofen (m)	เตาอบ	dtao òp
Mikrowellenherd (m)	เตาอบไมโครเวฟ	dtao òp mai-khroh-we p

Kühlschrank (m)	ตู้เย็น	dtôo yen
Tiefkühltruhe (f)	ตูแช่แข็ง	dtôo châe khăeng
Geschirrspülmaschine (f)	เครื่องลางจาน	khrêuang láang jaan

Fleischwolf (m)	เครื่องบูดเนื้อ	khrêuang bòt néua
Saftpresse (f)	เครื่องคั้น	khrêuang khán
	น้ำผลไม	náam phŏn-lá-mái
Toaster (m)	เครื่องปิ้ง	khrêuang bpîng
	ขนมปัง	khà-nŏm bpang
Mixer (m)	เครื่องปั่น	khrêuang bpàn

Kaffeemaschine (f)	เครื่องชงกาแฟ	khrêuang chong gaa-fae
Kaffeekanne (f)	หมอกาแฟ	mŏr gaa-fae
Kaffeemühle (f)	เครื่องบดกาแฟ	khrêuang bòt gaa-fae

Wasserkessel (m)	กาน้ำ	gaa náam
Teekanne (f)	กาน้ำชา	gaa náam chaa
Deckel (m)	ฝา	făa
Teesieb (n)	ที่กรองชา	thêe grorng chaa

Löffel (m)	ช้อน	chórn
Teelöffel (m)	ช้อนชา	chórn chaa
Esslöffel (m)	ชอนซุป	chórn súp

| Gabel (f) | ส้อม | sôrm |
| Messer (n) | มีด | mêet |

Geschirr (n)	ถ้วยชาม	thûay chaam
Teller (m)	จาน	jaan
Untertasse (f)	จานรอง	jaan rorng

Schnapsglas (n)	แก้วช็อต	gâew chórt
Glas (n)	แก้ว	gâew
Tasse (f)	ถ้วย	thûay

Zuckerdose (f)	โถน้ำตาล	thŏh náam dtaan
Salzstreuer (m)	กระปุกเกลือ	grà-bpùk gleua
Pfefferstreuer (m)	กระปุกพริกไท	grà-bpùk phrík thai
Butterdose (f)	ที่ใส่เนย	thêe sài noie

Kochtopf (m)	หม้อต้ม	môr dtôm
Pfanne (f)	กระทะ	grà-thá
Schöpflöffel (m)	กระบวย	grà-buay
Durchschlag (m)	กระชอน	grà chorn
Tablett (n)	ถาด	thàat

Flasche (f)	ขวด	khùat
Glas (Einmachglas)	ขวดโหล	khùat lŏh
Dose (f)	กระป๋อง	grà-bpŏrng

Flaschenöffner (m)	ที่เปิดขวด	thêe bpèrt khùat
Dosenöffner (m)	ที่เปิดกระป๋อง	thêe bpèrt grà-bpŏrng
Korkenzieher (m)	ที่เปิดจุก	thêe bpèrt jùk
Filter (n)	ที่กรอง	thêe grorng
filtern (vt)	กรอง	grorng

| Müll (m) | ขยะ | khà-yà |
| Mülleimer, Treteimer (m) | ถังขยะ | thăng khà-yà |

72. Bad

Badezimmer (n)	ห้องน้ำ	hôrng náam
Wasser (n)	น้ำ	nám
Wasserhahn (m)	ก๊อกน้ำ	gòk náam
Warmwasser (n)	น้ำร้อน	nám rórn
Kaltwasser (n)	น้ำเย็น	nám yen

Zahnpasta (f)	ยาสีฟัน	yaa sĕe fan
Zähne putzen	แปรงฟัน	bpraeng fan
Zahnbürste (f)	แปรงสีฟัน	bpraeng sĕe fan

sich rasieren	โกน	gohn
Rasierschaum (m)	โฟมโกนหนวด	fohm gohn nùat
Rasierer (m)	มีดโกน	mêet gohn

waschen (vt)	ล้าง	láang
sich waschen	อาบ	àap
Dusche (f)	ฝักบัว	fàk bua

sich duschen	อาบน้ำฝักบัว	àap náam fàk bua
Badewanne (f)	อ่างอาบน้ำ	àang àap náam
Klosettbecken (n)	โถชักโครก	thŏh chák khrôhk
Waschbecken (n)	อ่างล้างหน้า	àang láang-nâa

| Seife (f) | สบู่ | sà-bòo |
| Seifenschale (f) | ที่ใส่สบู่ | thêe sài sà-bòo |

Schwamm (m)	ฟองน้ำ	forng náam
Shampoo (n)	แชมพู	chaem-phoo
Handtuch (n)	ผ้าเช็ดตัว	phâa chét dtua
Bademantel (m)	เสื้อคลุมอาบน้ำ	sêua khlum àap náam

Wäsche (f)	การซักผ้า	gaan sák phâa
Waschmaschine (f)	เครื่องซักผ้า	khrêuang sák phâa
waschen (vt)	ซักผ้า	sák phâa
Waschpulver (n)	ผงซักฟอก	phŏng sák-fôrk

73. Haushaltsgeräte

Fernseher (m)	ทีวี	thee-wee
Tonbandgerät (n)	เครื่องบันทึกเทป	khrêuang ban-théuk thâyp
Videorekorder (m)	เครื่องบันทึกวิดีโอ	khrêuang ban-théuk wí-dee-oh
Empfänger (m)	วิทยุ	wít-thá-yú
Player (m)	เครื่องเล่น	khrêuang lên

Videoprojektor (m)	โปรเจ็คเตอร์	bproh-jèk-dtêr
Heimkino (n)	เครื่องฉายภาพยนตร์ที่บ้าน	khhrêuang chǎai phâap-phá yon thêe bâan
DVD-Player (m)	เครื่องเล่น DVD	khrêuang lên dee-wee-dee
Verstärker (m)	เครื่องขยายเสียง	khrêuang khà-yǎai sǐang
Spielkonsole (f)	เครื่องเกมคอนโซล	khrêuang gaym khorn sohn

Videokamera (f)	กล้องถ่ายวิดีโอ	glôrng thàai wí-dee-oh
Kamera (f)	กล้องถ่ายรูป	glôrng thàai rôop
Digitalkamera (f)	กล้องดิจิตอล	glôrng dì-ji-dton

Staubsauger (m)	เครื่องดูดฝุ่น	khrêuang dòot fùn
Bügeleisen (n)	เตารีด	dtao rêet
Bügelbrett (n)	กระดานรองรีด	grà-daan rorng rêet

Telefon (n)	โทรศัพท์	thoh-rá-sàp
Mobiltelefon (n)	มือถือ	meu thĕu
Schreibmaschine (f)	เครื่องพิมพ์ดีด	khrêuang phim dèet
Nähmaschine (f)	จักรเย็บผ้า	jàk yép phâa

Mikrophon (n)	ไมโครโฟน	mai-khroh-fohn
Kopfhörer (m)	หูฟัง	hŏo fang
Fernbedienung (f)	รีโมตทีวี	ree môht thee wee

CD (f)	CD	see-dee
Kassette (f)	เทป	thâyp
Schallplatte (f)	จานเสียง	jaan sǐang

DIE ERDE. WETTER

74. Weltall

Kosmos (m)	อวกาศ	a-wá-gàat
kosmisch, Raum-	ทางอวกาศ	thang a-wá-gàat
Weltraum (m)	อวกาศ	a-wá-gàat
All (n)	โลก	lôhk
Universum (n)	จักรวาล	jàk-grà-waan
Galaxie (f)	ดาราจักร	daa-raa jàk
Stern (m)	ดาว	daao
Gestirn (n)	กลุ่มดาว	glùm daao
Planet (m)	ดาวเคราะห์	daao khrór
Satellit (m)	ดาวเทียม	daao thiam
Meteorit (m)	ดาวตก	daao dtòk
Komet (m)	ดาวหาง	daao hǎang
Asteroid (m)	ดาวเคราะห์น้อย	daao khrór nói
Umlaufbahn (f)	วงโคจร	wong khoh-jon
sich drehen	เวียน	wian
Atmosphäre (f)	บรรยากาศ	ban-yaa-gàat
Sonne (f)	ดวงอาทิตย์	duang aa-thít
Sonnensystem (n)	ระบบสุริยะ	rá-bòp sù-rí-yá
Sonnenfinsternis (f)	สุริยุปราคา	sù-rí-yú-bpà-raa-kaa
Erde (f)	โลก	lôhk
Mond (m)	ดวงจันทร์	duang jan
Mars (m)	ดาวอังคาร	daao ang-khaan
Venus (f)	ดาวศุกร์	daao sùk
Jupiter (m)	ดาวพฤหัส	daao phá-réu-hàt
Saturn (m)	ดาวเสาร์	daao sǎo
Merkur (m)	ดาวพุธ	daao phút
Uran (m)	ดาวยูเรนัส	daao-yoo-ray-nát
Neptun (m)	ดาวเนปจูน	daao-nâyp-joon
Pluto (m)	ดาวพลูโต	daao phloo-dtoh
Milchstraße (f)	ทางช้างเผือก	thaang cháang phèuak
Der Große Bär	กลุ่มดาวหมีใหญ่	glùm daao měe yài
Polarstern (m)	ดาวเหนือ	daao něua
Marsbewohner (m)	ชาวดาวอังคาร	chaao daao ang-khaan
Außerirdischer (m)	มนุษย์ต่างดาว	má-nút dtàang daao
außerirdisches Wesen (n)	มนุษย์ต่างดาว	má-nút dtàang daao
fliegende Untertasse (f)	จานบิน	jaan bin

Raumschiff (n)	ยานอวกาศ	yaan a-wá-gàat
Raumstation (f)	สถานีอวกาศ	sà-thăa-nee a-wá-gàat
Raketenstart (m)	การปล่อยจรวด	gaan bplòi jà-rùat

Triebwerk (n)	เครื่องยนต์	khrêuang yon
Düse (f)	ทอไอพ่น	thôr ai phôn
Treibstoff (m)	เชื้อเพลิง	chéua phlerng

| Kabine (f) | ที่นั่งคนขับ | thêe nâng khon khàp |
| Antenne (f) | เสาอากาศ | săo aa-gàat |

Bullauge (n)	ช่อง	chôrng
Sonnenbatterie (f)	อุปกรณ์พลังงานแสงอาทิตย์	ù-bpà-gon phá-lang ngaan săeng aa-thít
Raumanzug (m)	ชุดอวกาศ	chút a-wá-gàat

| Schwerelosigkeit (f) | สภาพไร้น้ำหนัก | sà-phâap rái nám nàk |
| Sauerstoff (m) | อ็อกซิเจน | ók sí jayn |

| Ankopplung (f) | การเทียบท่า | gaan thîap thâa |
| koppeln (vi) | เทียบทา | thîap thâa |

| Observatorium (n) | หอดูดาว | hŏr doo daao |
| Teleskop (n) | กล้องโทรทรรศน์ | glôrng thoh-rá-thát |

| beobachten (vt) | เฝ้าสังเกต | fâo săng-gàyt |
| erforschen (vt) | สำรวจ | săm-rùat |

75. Die Erde

Erde (f)	โลก	lôhk
Erdkugel (f)	ลูกโลก	lôok lôhk
Planet (m)	ดาวเคราะห์	daao khrór

Atmosphäre (f)	บรรยากาศ	ban-yaa-gàat
Geographie (f)	ภูมิศาสตร์	phoo-mí-sàat
Natur (f)	ธรรมชาติ	tham-má-châat

Globus (m)	ลูกโลก	lôok lôhk
Landkarte (f)	แผนที่	phăen thêe
Atlas (m)	หนังสือแผนที่โลก	năng-sĕu phăen thêe lôhk

| Europa (n) | ยุโรป | yú-ròhp |
| Asien (n) | เอเชีย | ay-chia |

| Afrika (n) | แอฟริกา | àef-rí-gaa |
| Australien (n) | ออสเตรเลีย | òrt-dtray-lia |

Amerika (n)	อเมริกา	a-may-rí-gaa
Nordamerika (n)	อเมริกาเหนือ	a-may-rí-gaa nĕua
Südamerika (n)	อเมริกาใต้	a-may-rí-gaa dtâi

| Antarktis (f) | แอนตาร์กติกา | aen-dtàak-dtì-gaa |
| Arktis (f) | อาร์กติค | àak-dtìk |

76. Himmelsrichtungen

Norden (m)	เหนือ	nĕua
nach Norden	ทิศเหนือ	thít nĕua
im Norden	ที่ภาคเหนือ	thêe phâak nĕua
nördlich	ทางเหนือ	thaang nĕua
Süden (m)	ใต้	dtâi
nach Süden	ทิศใต้	thít dtâi
im Süden	ที่ภาคใต้	thêe phâak dtâi
südlich	ทางใต้	thaang dtâi
Westen (m)	ตะวันตก	dtà-wan dtòk
nach Westen	ทิศตะวันตก	thít dtà-wan dtòk
im Westen	ที่ภาคตะวันตก	thêe phâak dtà-wan dtòk
westlich, West-	ทางตะวันตก	thaang dtà-wan dtòk
Osten (m)	ตะวันออก	dtà-wan òrk
nach Osten	ทิศตะวันออก	thít dtà-wan òrk
im Osten	ที่ภาคตะวันออก	thêe phâak dtà-wan òrk
östlich	ทางตะวันออก	thaang dtà-wan òrk

77. Meer. Ozean

Meer (n), See (f)	ทะเล	thá-lay
Ozean (m)	มหาสมุทร	má-hăa sà-mùt
Golf (m)	อ่าว	àao
Meerenge (f)	ช่องแคบ	chôrng khâep
Festland (n)	พื้นดิน	phéun din
Kontinent (m)	ทวีป	thá-wêep
Insel (f)	เกาะ	gòr
Halbinsel (f)	คาบสมุทร	khâap sà-mùt
Archipel (m)	หมู่เกาะ	mòo gòr
Bucht (f)	อ่าว	àao
Hafen (m)	ท่าเรือ	thâa reua
Lagune (f)	ลากูน	laa-goon
Kap (n)	แหลม	lăem
Atoll (n)	อะทอลล์	à-thorn
Riff (n)	แนวปะการัง	naew bpà-gaa-rang
Koralle (f)	ปะการัง	bpà gaa-rang
Korallenriff (n)	แนวปะการัง	naew bpà-gaa-rang
tief (Adj)	ลึก	léuk
Tiefe (f)	ความลึก	khwaam léuk
Abgrund (m)	หุบเหวลึก	hùp wăy léuk
Graben (m)	ร่องลึกก้นสมุทร	rông léuk gôn sà-mùt
Strom (m)	กระแสน้ำ	grà-săe náam
umspülen (vt)	ล้อมรอบ	lórm rôrp

Ufer (n)	ชายฝั่ง	chaai fàng
Küste (f)	ชายฝั่ง	chaai fàng
Flut (f)	น้ำขึ้น	náam khêun
Ebbe (f)	น้ำลง	náam long
Sandbank (f)	หาดตื้น	hàat dtêun
Boden (m)	กันทะเล	gôn thá-lay
Welle (f)	คลื่น	khlêun
Wellenkamm (m)	มวนคลื่น	múan khlêun
Schaum (m)	ฟองคลื่น	forng khlêun
Sturm (m)	พายุ	phaa-yú
Orkan (m)	พายุเฮอร์ริเคน	phaa-yú her-rí-khayn
Tsunami (m)	คลื่นยักษ์	khlêun yák
Windstille (f)	ภาวะไร้ลมพัด	phaa-wá rái lom phát
ruhig	สงบ	sà-ngòp
Pol (m)	ขั้วโลก	khûa lôhk
Polar-	ขั้วโลก	khûa lôhk
Breite (f)	เส้นรุ้ง	sên rúng
Länge (f)	เส้นแวง	sên waeng
Breitenkreis (m)	เส้นขนาน	sên khà-nǎan
Äquator (m)	เส้นศูนย์สูตร	sên sǒon sòot
Himmel (m)	ท้องฟ้า	thórng fáa
Horizont (m)	ขอบฟ้า	khòrp fáa
Luft (f)	อากาศ	aa-gàat
Leuchtturm (m)	ประภาคาร	bprà-phaa-khaan
tauchen (vi)	ดำ	dam
versinken (vi)	จม	jom
Schätze (pl)	สมบัติ	sǒm-bàt

78. Namen der Meere und Ozeane

Atlantischer Ozean (m)	มหาสมุทรแอตแลนติก	má-hǎa sà-mùt àet-laen-dtìk
Indischer Ozean (m)	มหาสมุทรอินเดีย	má-hǎa sà-mùt in-dia
Pazifischer Ozean (m)	มหาสมุทรแปซิฟิก	má-hǎa sà-mùt bpae-sí-fík
Arktischer Ozean (m)	มหาสมุทรอาร์คติก	má-hǎa sà-mùt aa-ká-dtìk
Schwarzes Meer (n)	ทะเลดำ	thá-lay dam
Rotes Meer (n)	ทะเลแดง	thá-lay daeng
Gelbes Meer (n)	ทะเลเหลือง	thá-lay lěuang
Weißes Meer (n)	ทะเลขาว	thá-lay khǎao
Kaspisches Meer (n)	ทะเลแคสเปียน	thá-lay khâet-bpian
Totes Meer (n)	ทะเลเดดซี	thá-lay dàyt-see
Mittelmeer (n)	ทะเลเมดิเตอร์เรเนียน	thá-lay may-dì-dtêr-ray-nian
Ägäisches Meer (n)	ทะเลเอเจี้ยน	thá-lay ay-jîan
Adriatisches Meer (n)	ทะเลเอเดรียติก	thá-lay ay-day-ree-yá-dtìk
Arabisches Meer (n)	ทะเลอาหรับ	thá-lay aa-ràp

Japanisches Meer (n)	ทะเลญี่ปุ่น	thá-lay yêe-bpùn
Beringmeer (n)	ทะเลเบริง	thá-lay bae-rîng
Südchinesisches Meer (n)	ทะเลจีนใต้	thá-lay jeen-dtâi
Korallenmeer (n)	ทะเลคอรัล	thá-lay khor-ran
Tasmansee (f)	ทะเลแทสมัน	thá-lay thâet man
Karibisches Meer (n)	ทะเลแคริบเบียน	thá-lay khae-ríp-bian
Barentssee (f)	ทะเลบาเรนท์	thá-lay baa-rayn
Karasee (f)	ทะเลคารา	thá-lay khaa-raa
Nordsee (f)	ทะเลเหนือ	thá-lay nĕua
Ostsee (f)	ทะเลบอลติก	thá-lay bon-dtìk
Nordmeer (n)	ทะเลนอรเวย์	thá-lay nor-rá-way

79. Berge

Berg (m)	ภูเขา	phoo khăo
Gebirgskette (f)	ทิวเขา	thiw khăo
Bergrücken (m)	สันเขา	săn khăo
Gipfel (m)	ยอดเขา	yôrt khăo
Spitze (f)	ยอด	yôrt
Bergfuß (m)	ตีนเขา	dteun khăo
Abhang (m)	ไหลเขา	lài khăo
Vulkan (m)	ภูเขาไฟ	phoo khăo fai
tätiger Vulkan (m)	ภูเขาไฟมีพลัง	phoo khăo fai mee phá-lang
schlafender Vulkan (m)	ภูเขาไฟที่ดับแล้ว	phoo khăo fai thêe dàp láew
Ausbruch (m)	ภูเขาไฟระเบิด	phoo khăo fai rá-bèrt
Krater (m)	ปล่องภูเขาไฟ	bplòng phoo khăo fai
Magma (n)	หินหนืด	hĭn nèut
Lava (f)	ลาวา	laa-waa
glühend heiß (-e Lava)	หลอมเหลว	lŏrm lĕo
Cañon (m)	หุบเขาลึก	hùp khăo léuk
Schlucht (f)	ซองเขา	chôrng khăo
Spalte (f)	รอยแตกภูเขา	roi dtàek phoo khăo
Abgrund (m) (steiler ~)	หุบเหวลึก	hùp wăy léuk
Gebirgspass (m)	ทางผ่าน	thaang phàan
Plateau (n)	ที่ราบสูง	thêe râap sŏong
Fels (m)	หน้าผา	nâa phăa
Hügel (m)	เนินเขา	nern khăo
Gletscher (m)	ธารน้ำแข็ง	thaan náam khăeng
Wasserfall (m)	น้ำตก	nám dtòk
Geiser (m)	น้ำพุร้อน	nám phú rórn
See (m)	ทะเลสาบ	thá-lay sàap
Ebene (f)	ที่ราบ	thêe râap
Landschaft (f)	ภูมิทัศน์	phoom thát
Echo (n)	เสียงสะท้อน	sĭang sà-thón

Bergsteiger (m)	นักปีนเขา	nák bpeen khǎo
Kletterer (m)	นักไต่เขา	nák dtài khǎo
bezwingen (vt)	ไต่เขาถึงยอด	dtài khǎo thěung yôt
Aufstieg (m)	การปีนเขา	gaan bpeen khǎo

80. Namen der Berge

Alpen (pl)	เทือกเขาแอลป์	thêuak-khǎo-aen
Montblanc (m)	ยอดเขามงบล็อง	yôt khǎo mong-bà-lǒng
Pyrenäen (pl)	เทือกเขาไพรีนีส	thêuak khǎo pai-ree-nêet

Karpaten (pl)	เทือกเขาคาร์เพเทียน	thêuak khǎo khaa-phay-thian
Uralgebirge (n)	เทือกเขายูรัล	thêuak khǎo yoo-ran
Kaukasus (m)	เทือกเขาคอเคซัส	thêuak khǎo khor-khay-sát
Elbrus (m)	ยอดเขาเอลบรุส	yôt khǎo ayn-brùt

Altai (m)	เทือกเขาอัลไต	thêuak khǎo an-dtai
Tian Shan (m)	เทือกเขาเทียนชวน	thêuak khǎo thian-chaan
Pamir (m)	เทือกเขาพาเมียร์	thêuak khǎo paa-mia
Himalaja (m)	เทือกเขาหิมาลัย	thêuak khǎo hì-maa-lai
Everest (m)	ยอดเขาเอเวอเรสต์	yôt khǎo ay-wer-râyt

| Anden (pl) | เทือกเขาแอนดีส | thêuak-khǎo-aen-dèet |
| Kilimandscharo (m) | ยอดเขาคิลิมันจาโร | yôt khǎo khí-lí-man-jaa-roh |

81. Flüsse

Fluss (m)	แม่น้ำ	mâe náam
Quelle (f)	แหล่งน้ำแร่	làeng náam râe
Flussbett (n)	เส้นทางแม่น้ำ	sên thaang mâe náam
Stromgebiet (n)	ลุ่มน้ำ	lûm náam
einmünden in …	ไหลไปสู่…	lǎi bpai sòo…

| Nebenfluss (m) | สาขา | sǎa-khǎa |
| Ufer (n) | ฝั่งแม่น้ำ | fàng mâe náam |

Strom (m)	กระแสน้ำ	grà-sǎe náam
stromabwärts	ตามกระแสน้ำ	dtaam grà-sǎe náam
stromaufwärts	ทวนน้ำ	thuan náam

Überschwemmung (f)	น้ำท่วม	nám thûam
Hochwasser (n)	น้ำทวม	nám thûam
aus den Ufern treten	เอ่อล้น	èr lón
überfluten (vt)	ท่วม	thûam

| Sandbank (f) | บริเวณน้ำตื้น | bor-rí-wayn nám dtêun |
| Stromschnelle (f) | กระแสน้ำเชี่ยว | grà-sǎe nám-chîeow |

Damm (m)	เขื่อน	khèuan
Kanal (m)	คลอง	khlorng
Stausee (m)	ที่เก็บกักน้ำ	thêe gèp gàk náam
Schleuse (f)	ประตูระบายน้ำ	bprà-dtoo rá-baai náam

Gewässer (n)	พื้นน้ำ	phéun náam
Sumpf (m), Moor (n)	บึง	beung
Marsch (f)	ห้วย	hûay
Strudel (m)	น้ำวน	nám won

Bach (m)	ลำธาร	lam thaan
Trink- (z.B. Trinkwasser)	น้ำดื่มได้	nám dèum dâai
Süß- (Wasser)	น้ำจืด	nám jèut

| Eis (n) | น้ำแข็ง | nám khǎeng |
| zufrieren (vi) | แช่แข็ง | châe khǎeng |

82. Namen der Flüsse

| Seine (f) | แม่น้ำเซน | mâe náam sayn |
| Loire (f) | แม่น้ำลัวร์ | mâe-náam lua |

Themse (f)	แม่น้ำเทมส์	mâe-náam them
Rhein (m)	แม่น้ำไรน์	mâe-náam rai
Donau (f)	แม่น้ำดานูบ	mâe-náam daa-nôop

Wolga (f)	แม่น้ำวอลกา	mâe-náam won-gaa
Don (m)	แม่น้ำดอน	mâe-náam don
Lena (f)	แม่น้ำลีนา	mâe-náam lee-naa

Gelber Fluss (m)	แม่น้ำหวง	mâe-náam hǔang
Jangtse (m)	แม่น้ำแยงซี	mâe-náam yaeng-see
Mekong (m)	แม่น้ำโขง	mâe-náam khǒhng
Ganges (m)	แม่น้ำคงคา	mâe-náam khong-khaa

Nil (m)	แม่น้ำไนล์	mâe-náam nai
Kongo (m)	แม่น้ำคองโก	mâe-náam khong-goh
Okavango (m)	แม่น้ำโอคาวังโก	mâe-náam oh-khaa wang goh
Sambesi (m)	แม่น้ำแซมบีซี	mâe-náam saem bee see
Limpopo (m)	แม่น้ำลิมโปโป	mâe-náam lim-bpoh-bpoh
Mississippi (m)	แม่น้ำมิสซิสซิปปี	mâe-náam mít-sít-síp-bpee

83. Wald

| Wald (m) | ป่าไม้ | bpàa máai |
| Wald- | ป่า | bpàa |

Dickicht (n)	ป่าทึบ	bpàa théup
Gehölz (n)	ป่าละเมาะ	bpàa lá-mór
Lichtung (f)	ทุ่งโล่ง	thûng lôhng

| Dickicht (n) | ป่าละเมาะ | bpàa lá-mór |
| Gebüsch (n) | ป่าละเมาะ | bpàa lá-mór |

| Fußweg (m) | ทางเดิน | thaang dern |
| Erosionsrinne (f) | ร่องธาร | rông thaan |

Baum (m)	ต้นไม้	dtôn máai
Blatt (n)	ใบไม้	bai máai
Laub (n)	ใบไม้	bai máai

Laubfall (m)	ใบไม้ร่วง	bai máai rûang
fallen (Blätter)	ร่วง	rûang
Wipfel (m)	ยอด	yôrt

Zweig (m)	กิ่ง	gìng
Ast (m)	ก้านไม้	gâan mái
Knospe (f)	ยอดอ่อน	yôrt òrn
Nadel (f)	เข็ม	khěm
Zapfen (m)	ลูกสน	lôok sǒn

Höhlung (f)	โพรงไม้	phrohng máai
Nest (n)	รัง	rang
Höhle (f)	โพรง	phrohng

Stamm (m)	ลำต้น	lam dtôn
Wurzel (f)	ราก	râak
Rinde (f)	เปลือกไม้	bplèuak máai
Moos (n)	มอส	môt

entwurzeln (vt)	ถอนราก	thǒrn râak
fällen (vt)	โค่น	khôhn
abholzen (vt)	ตัดไม้ทำลายป่า	dtàt mái tham laai bpàa
Baumstumpf (m)	ตอไม้	dtor máai

Lagerfeuer (n)	กองไฟ	gorng fai
Waldbrand (m)	ไฟป่า	fai bpàa
löschen (vt)	ดับไฟ	dàp fai

Förster (m)	เจ้าหน้าที่ดูแลป่า	jâo nâa-thêe doo lae bpàa
Schutz (m)	การปกป้อง	gaan bpòk bpôrng
beschützen (vt)	ปกป้อง	bpòk bpôrng
Wilddieb (m)	นักลอบล่าสัตว์	nák lôrp lâa sàt
Falle (f)	กับดักเหล็ก	gàp dàk lèk

| sammeln, pflücken (vt) | เก็บ | gèp |
| sich verirren | หลงทาง | lǒng thaang |

84. natürliche Lebensgrundlagen

Naturressourcen (pl)	ทรัพยากรธรรมชาติ	sáp-pá-yaa-gon tham-má-châat
Bodenschätze (pl)	แร่	râe
Vorkommen (n)	ตะกอน	dtà-gorn
Feld (Ölfeld usw.)	บ่อ	bòr

gewinnen (vt)	ขุดแร่	khùt râe
Gewinnung (f)	การขุดแร่	gaan khùt râe
Erz (n)	แร่	râe
Bergwerk (n)	เหมืองแร่	měuang râe
Schacht (m)	ช่องเหมือง	chôrng měuang

Bergarbeiter (m)	คนงานเหมือง	khon ngaan mĕuang
Erdgas (n)	แก๊ส	gáet
Gasleitung (f)	ท่อแก๊ส	thôr gáet
Erdöl (n)	น้ำมัน	nám man
Erdölleitung (f)	ท่อน้ำมัน	thôr náam man
Ölquelle (f)	บ่อน้ำมัน	bòr náam man
Bohrturm (m)	ปั่นจั่นขนาดใหญ่	bpân jàn khà-nàat yài
Tanker (m)	เรือบรรทุกน้ำมัน	reua ban-thúk nám man
Sand (m)	ทราย	saai
Kalkstein (m)	หินปูน	hĭn bpoon
Kies (m)	กรวด	grùat
Torf (m)	พีต	phêet
Ton (m)	ดินเหนียว	din nĭeow
Kohle (f)	ถ่านหิน	thàan hĭn
Eisen (n)	เหล็ก	lèk
Gold (n)	ทอง	thorng
Silber (n)	เงิน	ngern
Nickel (n)	นิเกิล	ní-gêrn
Kupfer (n)	ทองแดง	thorng daeng
Zink (n)	สังกะสี	săng-gà-sĕe
Mangan (n)	แมงกานีส	maeng-gaa-nêet
Quecksilber (n)	ปรอท	bpa -ròrt
Blei (n)	ตะกั่ว	dtà-gùa
Mineral (n)	แร่	râe
Kristall (m)	ผลึก	phà-lèuk
Marmor (m)	หินอ่อน	hĭn òrn
Uran (n)	ยูเรเนียม	yoo-ray-niam

85. Wetter

Wetter (n)	สภาพอากาศ	sà-phâap aa-gàat
Wetterbericht (m)	พยากรณ์ สภาพอากาศ	phá-yaa-gon sà-phâap aa-gàat
Temperatur (f)	อุณหภูมิ	un-hà-phoom
Thermometer (n)	ปรอทวัดอุณหภูมิ	bpà-ròrt wát un-hà-phoom
Barometer (n)	เครื่องวัดความดัน บรรยากาศ	khrêuang wát khwaam dan ban-yaa-gàat
feucht	ชื้น	chéun
Feuchtigkeit (f)	ความชื้น	khwaam chéun
Hitze (f)	ความร้อน	khwaam rórn
glutheiß	ร้อน	rórn
ist heiß	มันร้อน	man rórn
ist warm	มันอุ่น	man ùn
warm (Adj)	อุ่น	ùn
ist kalt	อากาศเย็น	aa-gàat yen
kalt (Adj)	เย็น	yen

Sonne (f)	ดวงอาทิตย์	duang aa-thít
scheinen (vi)	สองแสง	sòrng săeng
sonnig (Adj)	มีแสงแดด	mee săeng dàet
aufgehen (vi)	ขึ้น	khêun
untergehen (vi)	ตก	dtòk

Wolke (f)	เมฆ	mâyk
bewölkt, wolkig	มีเมฆมาก	mee mâyk mâak
Regenwolke (f)	เมฆฝน	mâyk fŏn
trüb (-er Tag)	มืดครึ้ม	mêut khréum

Regen (m)	ฝน	fŏn
Es regnet	ฝนตก	fŏn dtòk
regnerisch (-er Tag)	ฝนตก	fŏn dtòk
nieseln (vi)	ฝนปรอย	fòn bproi

strömender Regen (m)	ฝนตกหนัก	fŏn dtòk nàk
Regenschauer (m)	ฝนหาใหญ่	fŏn hàa yài
stark (-er Regen)	หนัก	nàk
Pfütze (f)	หลมน้ำ	lòm nám
nass werden (vi)	เปียก	bpìak

Nebel (m)	หมอก	mòrk
neblig (-er Tag)	หมอกจัด	mòrk jàt
Schnee (m)	หิมะ	hì-má
Es schneit	หิมะตก	hì-má dtòk

86. Unwetter Naturkatastrophen

Gewitter (n)	พายุฟ้าคะนอง	phaa-yú fáa khá-nong
Blitz (m)	ฟ้าผา	fáa phàa
blitzen (vi)	แลบ	lâep

Donner (m)	ฟ้าคะนอง	fáa khá-norng
donnern (vi)	มีฟ้าคะนอง	mee fáa khá-norng
Es donnert	มีฟ้าร้อง	mee fáa rórng

| Hagel (m) | ลูกเห็บ | lôok hèp |
| Es hagelt | มีลูกเห็บตก | mee lôok hèp dtòk |

| überfluten (vt) | ท่วม | thûam |
| Überschwemmung (f) | น้ำท่วม | nám thûam |

Erdbeben (n)	แผ่นดินไหว	phàen din wăi
Erschütterung (f)	ไหว	wăi
Epizentrum (n)	จุดเหนือศูนย์แผ่นดินไหว	jùt nĕua sŏon phàen din wăi

| Ausbruch (m) | ภูเขาไฟระเบิด | phoo khăo fai rá-bèrt |
| Lava (f) | ลาวา | laa-waa |

Wirbelsturm (m)	พายุหมุน	phaa-yú mŭn
Tornado (m)	พายุทอร์เนโด	phaa-yú thor-nay-doh
Taifun (m)	พายุไต้ฝุ่น	phaa-yú dtâi fùn
Orkan (m)	พายุเฮอริเคน	phaa-yú her-rí-khayn

| Sturm (m) | พายุ | phaa-yú |
| Tsunami (m) | คลื่นสึนามิ | khlêun sèu-naa-mí |

Zyklon (m)	พายุไซโคลน	phaa-yú sai-khlohn
Unwetter (n)	อากาศไม่ดี	aa-gàat mâi dee
Brand (m)	ไฟไหม้	fai mâi
Katastrophe (f)	ความหายนะ	khwaam hǎa-yá-ná
Meteorit (m)	อุกกาบาต	ùk-gaa-bàat

Lawine (f)	หิมะถล่ม	hì-má thà-lòm
Schneelawine (f)	หิมะถลม	hì-má thà-lòm
Schneegestöber (n)	พายุหิมะ	phaa-yú hì-má
Schneesturm (m)	พายุหิมะ	phaa-yú hì-má

FAUNA

87. Säugetiere. Raubtiere

Raubtier (n)	สัตว์กินเนื้อ	sàt gin néua
Tiger (m)	เสือ	sĕua
Löwe (m)	สิงโต	sĭng dtoh
Wolf (m)	หมาป่า	măa bpàa
Fuchs (m)	หมาจิ้งจอก	măa jîng-jòk
Jaguar (m)	เสือจากัวร์	sĕua jaa-gua
Leopard (m)	เสือดาว	sĕua daao
Gepard (m)	เสือชีตาห์	sĕua chee-dtaa
Panther (m)	เสือดำ	sĕua dam
Puma (m)	สิงโตภูเขา	sĭng-dtoh phoo khăo
Schneeleopard (m)	เสือดาวหิมะ	sĕua daao hì-má
Luchs (m)	แมวป่า	maew bpàa
Kojote (m)	โคโยตี้	khoh-yoh-dtêe
Schakal (m)	หมาจิ้งจอกทอง	măa jîng-jòk thorng
Hyäne (f)	ไฮยีนา	hai-yee-naa

88. Tiere in freier Wildbahn

Tier (n)	สัตว์	sàt
Bestie (f)	สัตว	sàt
Eichhörnchen (n)	กระรอก	grà rôk
Igel (m)	เมน	mâyn
Hase (m)	กระต่ายป่า	grà-dtàai bpàa
Kaninchen (n)	กระต่าย	grà-dtàai
Dachs (m)	แบดเจอร์	baet-jer
Waschbär (m)	แร็คคูน	ráek khoon
Hamster (m)	หนูแฮมสเตอร์	nŏo haem-sà-dtêr
Murmeltier (n)	มารมอต	maa-môt
Maulwurf (m)	ตุ่น	dtùn
Maus (f)	หนู	nŏo
Ratte (f)	หนู	nŏo
Fledermaus (f)	ค้างคาว	kháang khaao
Hermelin (n)	เออร์มิน	er-min
Zobel (m)	เซเบิล	say bern
Marder (m)	มารเทิน	maa thern
Wiesel (n)	เพียงพอนสีน้ำตาล	phiang phon sĕe nám dtaan
Nerz (m)	เพียงพอน	phiang phorn

| Biber (m) | บีเวอร์ | bee-wer |
| Fischotter (m) | นาก | nâak |

Pferd (n)	ม้า	máa
Elch (m)	กวางมูส	gwaang môot
Hirsch (m)	กวาง	gwaang
Kamel (n)	อูฐ	òot

Bison (m)	วัวป่า	wua bpàa
Wisent (m)	วัวป่าออรอช	wua bpàa or rôt
Büffel (m)	ควาย	khwaai

Zebra (n)	ม้าลาย	máa laai
Antilope (f)	แอนทีโลป	aen-thi-lòp
Reh (n)	กวางโรเดียร์	gwaang roh-dia
Damhirsch (m)	กวางแฟลโลว์	gwaang flae-loh
Gämse (f)	เลียงผา	liang-phàa
Wildschwein (n)	หมูป่า	mŏo bpàa

Wal (m)	วาฬ	waan
Seehund (m)	แมวน้ำ	maew náam
Walroß (n)	ช้างน้ำ	cháang náam
Seebär (m)	แมวน้ำมีขน	maew náam mee khŏn
Delfin (m)	โลมา	loh-maa

Bär (m)	หมี	mĕe
Eisbär (m)	หมีขั้วโลก	mĕe khúa lôhk
Panda (m)	หมีแพนดา	mĕe phaen-dâa

Affe (m)	ลิง	ling
Schimpanse (m)	ลิงชิมแปนซี	ling chim-bpaen-see
Orang-Utan (m)	ลิงอุรังอุตัง	ling u-rang-u-dtang
Gorilla (m)	ลิงกอริลลา	ling gor-rin-lâa
Makak (m)	ลิงแม็กแคก	ling mâk-khâk
Gibbon (m)	ชะนี	chá-nee

Elefant (m)	ช้าง	cháang
Nashorn (n)	แรด	râet
Giraffe (f)	ยีราฟ	yee-râaf
Flusspferd (n)	ฮิปโปโปเตมัส	híp-bpoh-bpoh-dtay-mát

| Känguru (n) | จิงโจ้ | jing-jôh |
| Koala (m) | หมีโคอาล่า | mĕe khoh aa lâa |

Manguste (f)	พังพอน	phang phon
Chinchilla (n)	คินคิลลา	khin-khin laa
Stinktier (n)	สกังก์	sà-gang
Stachelschwein (n)	เมน	mâyn

89. Haustiere

Katze (f)	แมวตัวเมีย	maew dtua mia
Kater (m)	แมวตัวผู้	maew dtua phôo
Hund (m)	สุนัข	sù-nák

Pferd (n)	ม้า	máa
Hengst (m)	ม้าตัวผู้	máa dtua phôo
Stute (f)	มาตัวเมีย	máa dtua mia

Kuh (f)	วัว	wua
Stier (m)	กระทิง	grà-thing
Ochse (m)	วัว	wua

Schaf (n)	แกะตัวเมีย	gàe dtua mia
Widder (m)	แกะตัวผู้	gàe dtua phôo
Ziege (f)	แพะตัวเมีย	pháe dtua mia
Ziegenbock (m)	แพะตัวผู้	pháe dtua phôo

| Esel (m) | ลา | laa |
| Maultier (n) | ลอ | lôr |

Schwein (n)	หมู	mǒo
Ferkel (n)	ลูกหมู	lôok mǒo
Kaninchen (n)	กระต่าย	grà-dtàai

| Huhn (n) | ไก่ตัวเมีย | gài dtua mia |
| Hahn (m) | ไกตัวผู้ | gài dtua phôo |

Ente (f)	เป็ดตัวเมีย	bpèt dtua mia
Enterich (m)	เป็ดตัวผู้	bpèt dtua phôo
Gans (f)	หาน	hàan

| Puter (m) | ไก่งวงตัวผู้ | gài nguang dtua phôo |
| Pute (f) | ไกงวงตัวเมีย | gài nguang dtua mia |

Haustiere (pl)	สัตว์เลี้ยง	sàt líang
zahm	เลี้ยง	líang
zähmen (vt)	เชื่อง	chêuang
züchten (vt)	ขยายพันธุ์	khà-yǎai phan

Farm (f)	ฟาร์ม	faam
Geflügel (n)	สัตว์ปีก	sàt bpèek
Vieh (n)	วัวควาย	wua khwaai
Herde (f)	ฝูง	fǒong

Pferdestall (m)	คอกม้า	khôrk máa
Schweinestall (m)	คอกหมู	khôrk mǒo
Kuhstall (m)	คอกวัว	khôrk wua
Kaninchenstall (m)	คอกกระต่าย	khôrk grà-dtàai
Hühnerstall (m)	เล้าไก	láo gài

90. Vögel

Vogel (m)	นก	nók
Taube (f)	นกพิราบ	nók phí-râap
Spatz (m)	นกกระจิบ	nók grà-jìp
Meise (f)	นกติด	nók dtít
Elster (f)	นกสาลิกา	nók sǎa-lí gaa
Rabe (m)	นกอีกา	nók ee-gaa

Krähe (f)	นกกา	nók gaa
Dohle (f)	นกจำพวกกา	nók jam phúak gaa
Saatkrähe (f)	นกการูค	nók gaa róok
Ente (f)	เป็ด	bpèt
Gans (f)	ห่าน	hàan
Fasan (m)	ไก่ฟ้า	gài fáa
Adler (m)	นกอินทรี	nók in-see
Habicht (m)	นกเหยี่ยว	nók yìeow
Falke (m)	นกเหยี่ยว	nók yìeow
Greif (m)	นกแร้ง	nók ráeng
Kondor (m)	นกแร้งขนาดใหญ่	nók ráeng kà-nàat yài
Schwan (m)	นกหงส์	nók hǒng
Kranich (m)	นกกระเรียน	nók grà rian
Storch (m)	นกกระสา	nók grà-sǎa
Papagei (m)	นกแก้ว	nók gâew
Kolibri (m)	นกฮัมมิ่งเบิร์ด	nók ham-mîng-bèrt
Pfau (m)	นกยูง	nók yoong
Strauß (m)	นกกระจอกเทศ	nók grà-jòrk-thâyt
Reiher (m)	นกยาง	nók yaang
Flamingo (m)	นกฟลามิงโก	nók flaa-ming-goh
Pelikan (m)	นกกระทุง	nók-grà-thung
Nachtigall (f)	นกไนติงเกล	nók-nai-dting-gayn
Schwalbe (f)	นกนางแอ่น	nók naang-àen
Drossel (f)	นกเดินดง	nók dern dong
Singdrossel (f)	นกเดินดงร้องเพลง	nók dern dong rórng phlayng
Amsel (f)	นกเดินดงสีดำ	nók-dern-dong sěe dam
Segler (m)	นกแอ่น	nók àen
Lerche (f)	นกลาร์ค	nók lâak
Wachtel (f)	นกคุ่ม	nók khúm
Specht (m)	นกหัวขวาน	nók hǔa khwǎan
Kuckuck (m)	นกดุเหว่า	nók dù hǎy wâa
Eule (f)	นกฮูก	nók hôok
Uhu (m)	นกเค้าใหญ่	nók kháo yài
Auerhahn (m)	ไก่ป่า	gài bpàa
Birkhahn (m)	ไก่ดำ	gài dam
Rebhuhn (n)	นกกระทา	nók-grà-thaa
Star (m)	นกกิ้งโครง	nók-gîng-khrohng
Kanarienvogel (m)	นกขุนมิน	nók khà-mîn
Haselhuhn (n)	ไก่น้ำตาล	gài nám dtaan
Buchfink (m)	นกจาบ	nók-jàap
Gimpel (m)	นกบูลฟินช์	nók boon-fin
Möwe (f)	นกนางนวล	nók naang-nuan
Albatros (m)	นกอัลบาทรอส	nók an-baa-thrôt
Pinguin (m)	นกเพนกวิน	nók phayn-gwin

91. Fische. Meerestiere

Brachse (f)	ปลาบรีม	bplaa bpreem
Karpfen (m)	ปลาคาร์ป	bplaa khâap
Barsch (m)	ปลาเพิร์ช	bplaa phêrt
Wels (m)	ปลาดุก	bplaa-dùk
Hecht (m)	ปลาไพค์	bplaa phai
Lachs (m)	ปลาแซลมอน	bplaa saen-morn
Stör (m)	ปลาสเตอร์เจียน	bpláa sà-dtêr jian
Hering (m)	ปลาเฮอร์ริง	bplaa her-ring
atlantische Lachs (m)	ปลาแซลมอนแอตแลนติก	bplaa saen-mon àet-laen-dtìk
Makrele (f)	ปลาซาบะ	bplaa saa-bà
Scholle (f)	ปลาลิ้นหมา	bplaa lín-mǎa
Zander (m)	ปลาไพค์เพิร์ช	bplaa phái phert
Dorsch (m)	ปลาค็อด	bplaa khót
Tunfisch (m)	ปลาทูน่า	bplaa thoo-nâa
Forelle (f)	ปลาเทราท์	bplaa thrau
Aal (m)	ปลาไหล	bplaa lǎi
Zitterrochen (m)	ปลากระเบนไฟฟ้า	bplaa grà-bayn-fai-fáa
Muräne (f)	ปลาไหลมอเรย์	bplaa lǎi mor-ray
Piranha (m)	ปลาปิรันย่า	bplaa bpì-ran-yâa
Hai (m)	ปลาฉลาม	bplaa chà-lǎam
Delfin (m)	โลมา	loh-maa
Wal (m)	วาฬ	waan
Krabbe (f)	ปู	bpoo
Meduse (f)	แมงกะพรุน	maeng gà-phrun
Krake (m)	ปลาหมึก	bplaa mèuk
Seestern (m)	ปลาดาว	bplaa daao
Seeigel (m)	หอยเม่น	hǒi mâyn
Seepferdchen (n)	ม้าน้ำ	máa nám
Auster (f)	หอยนางรม	hǒi naang rom
Garnele (f)	กุ้ง	gúng
Hummer (m)	กุ้งมังกร	gúng mang-gon
Languste (f)	กุ้งมังกร	gúng mang-gon

92. Amphibien Reptilien

Schlange (f)	งู	ngoo
Gift-, giftig	พิษ	phít
Viper (f)	งูแมวเซา	ngoo maew sao
Kobra (f)	งูเห่า	ngoo hào
Python (m)	งูเหลือม	ngoo lěuam
Boa (f)	งูโบอา	ngoo boh-aa
Ringelnatter (f)	งูเล็กที่ไม่เป็นอันตราย	ngoo lék thêe mâi bpen an-dtà-raai

| Klapperschlange (f) | งูหางกระดิ่ง | ngoo hăang grà-dìng |
| Anakonda (f) | งูอนาคอนดา | ngoo a -naa-khon-daa |

Eidechse (f)	กิ้งก่า	gîng-gàa
Leguan (m)	อีกัวนา	ee gua naa
Waran (m)	กิ้งกามอนิเตอร์	gîng-gàa mor-ní-dtêr
Salamander (m)	ซาลาแมนเดอร์	saa-laa-maen-dêr
Chamäleon (n)	กิ้งกาคามิเลียน	gîng-gàa khaa-mí-lian
Skorpion (m)	แมงป่อง	maeng bpòrng

Schildkröte (f)	เต่า	dtào
Frosch (m)	กบ	gòp
Kröte (f)	คางคก	khaang-kók
Krokodil (n)	จระเข้	jor-rá-khây

93. Insekten

Insekt (n)	แมลง	má-laeng
Schmetterling (m)	ผีเสื้อ	phěe sêua
Ameise (f)	มด	mót
Fliege (f)	แมลงวัน	má-laeng wan
Mücke (f)	ยุง	yung
Käfer (m)	แมลงปีกแข็ง	má-laeng bpèek khăeng

Wespe (f)	ต่อ	dtòr
Biene (f)	ผึ้ง	phêung
Hummel (f)	ผึ้งบัมเบิลบี	phêung bam-bern bee
Bremse (f)	เหลือบ	lèuap

| Spinne (f) | แมงมุม | maeng mum |
| Spinnennetz (n) | ใยแมงมุม | yai maeng mum |

Libelle (f)	แมลงปอ	má-laeng bpor
Grashüpfer (m)	ตั๊กแตน	dták-gà-dtaen
Schmetterling (m)	ผีเสื้อกลางคืน	phěe sêua glaang kheun

Schabe (f)	แมลงสาบ	má-laeng sàap
Zecke (f)	เห็บ	hèp
Floh (m)	หมัด	màt
Kriebelmücke (f)	ริ้น	rín

Heuschrecke (f)	ตั๊กแตน	dták-gà-dtaen
Schnecke (f)	หอยทาก	hŏi thâak
Heimchen (n)	จิ้งหรีด	jîng-rèet
Leuchtkäfer (m)	หิ่งห้อย	hìng-hôi
Marienkäfer (m)	แมลงเต่าทอง	má-laeng dtào thorng
Maikäfer (m)	แมงอีนูน	maeng ee noon

Blutegel (m)	ปลิง	bpling
Raupe (f)	บุ้ง	búng
Wurm (m)	ไส้เดือน	sâi deuan
Larve (f)	ตัวอ่อน	dtua òrn

áaトñ菜риت.

FLORA

94. Bäume

Baum (m)	ต้นไม้	dtôn máai
Laub-	ผลัดใบ	phlàt bai
Nadel-	สน	sŏn
immergrün	ซึ่งเขียวชอุ่ม ตลอดปี	sêung khĭeow chá-ùm dtà-lòrt bpee
Apfelbaum (m)	ต้นแอปเปิ้ล	dtôn àep-bpêrn
Birnbaum (m)	ตูนแพร	dtôn phae
Süßkirschbaum (m)	ตูนเชอรี่ป่า	dtôn cher-rêe bpàa
Sauerkirschbaum (m)	ตูนเชอรรี่	dtôn cher-rêe
Pflaumenbaum (m)	ตนพลัม	dtôn phlam
Birke (f)	ต้นเบิร์ช	dtôn bèrt
Eiche (f)	ตูนโอูค	dtôn óhk
Linde (f)	ตนไมดอกเหลือง	dtôn máai dòrk lĕuang
Espe (f)	ตูนแอสเพน	dtôn ae sà-phayn
Ahorn (m)	ตนเมเปิล	dtôn may bpêrn
Fichte (f)	ตูนเฟอร์	dtôn fer
Kiefer (f)	ตูนเกี๊ยะ	dtôn gía
Lärche (f)	ตนลารช	dtôn lâat
Tanne (f)	ตูนเฟอร์	dtôn fer
Zeder (f)	ตนซีดาร	dtôn-see-daa
Pappel (f)	ตูนปอปลาร์	dtôn bpor-bplaa
Vogelbeerbaum (m)	ตนโรแวน	dtôn-roh-waen
Weide (f)	ตูนวิลโลว์	dtôn win-loh
Erle (f)	ตนอัลเดอร์	dtôn an-dêr
Buche (f)	ตูนบีช	dtôn bèet
Ulme (f)	ตนเอลม	dtôn elm
Esche (f)	ตูนแอช	dtôn aesh
Kastanie (f)	ตนเกาลัด	dtôn gao lát
Magnolie (f)	ตูนแมกโนเลีย	dtôn mâek-noh-lia
Palme (f)	ตูนปาลม	dtôn bpaam
Zypresse (f)	ตนไซเปรส	dtôn-sai-bpràyt
Mangrovenbaum (m)	ตูนโกงกาง	dtôn gohng gaang
Baobab (m)	ตูนเบาบับ	dtôn bao-bàp
Eukalyptus (m)	ตูนยูคาลิปตัส	dtôn yoo-khaa-líp-dtàt
Mammutbaum (m)	ตนสนซีค้วยา	dtôn sŏn see kua yaa

95. Büsche

Strauch (m)	พุ่มไม้	phúm máai
Gebüsch (n)	ต้นไม้พุ่ม	dtôn máai phúm
Weinstock (m)	ต้นองุ่น	dtôn a-ngùn
Weinberg (m)	ไร่องุ่น	râi a-ngùn
Himbeerstrauch (m)	พุ่มราสเบอร์รี่	phúm râat-ber-rêe
schwarze Johannisbeere (f)	พุมแบล็คเคอรุแรนท์	phúm blàek-khêr-raen
rote Johannisbeere (f)	พุมเรดเคอรุแรนท	phúm râyt-khêr-raen
Stachelbeerstrauch (m)	พุมกูสเบอร์รี่	phúm gòot-ber-rêe
Akazie (f)	ต้นอาเคเชีย	dtôn aa-khay-chia
Berberitze (f)	ต้นบารเบอร์รี่	dtôn baa-ber-rêe
Jasmin (m)	มะลิ	má-lí
Wacholder (m)	ต้นจูนิเปอร์	dtôn joo-ní-bper
Rosenstrauch (m)	พุมกุหลาบ	phúm gù làap
Heckenrose (f)	พุมดอกโรส	phúm dòrk-rôht

96. Obst. Beeren

Frucht (f)	ผลไม้	phŏn-lá-máai
Früchte (pl)	ผลไม	phŏn-lá-máai
Apfel (m)	แอปเปิ้ล	àep-bpêrn
Birne (f)	ลูกแพร	lôok phae
Pflaume (f)	พลัม	phlam
Erdbeere (f)	สตรอว์เบอร์รี่	sà-dtror-ber-rêe
Sauerkirsche (f)	เชอรี่	cher-rêe
Süßkirsche (f)	เชอรี่ป่า	cher-rêe bpàa
Weintrauben (pl)	องุ่น	a-ngùn
Himbeere (f)	ราสเบอร์รี่	râat-ber-rêe
schwarze Johannisbeere (f)	แบล็คเคอรุแรนท์	blàek khêr-raen
rote Johannisbeere (f)	เรดเคอรุแรนท	râyt-khêr-raen
Stachelbeere (f)	กูสเบอร์รี่	gòot-ber-rêe
Moosbeere (f)	แครนเบอร์รี่	khraen-ber-rêe
Apfelsine (f)	ส้ม	sôm
Mandarine (f)	ส้มแมนดาริน	sôm maen daa rin
Ananas (f)	สับปะรด	sàp-bpà-rót
Banane (f)	กล้วย	glúay
Dattel (f)	อินทผลัม	in-thá-phâ-lam
Zitrone (f)	เลมอน	lay-mon
Aprikose (f)	แอปริคอท	ae-bprì-khôrt
Pfirsich (m)	ลูกทอ	lôok thór
Kiwi (f)	กีวี	gee wee
Grapefruit (f)	สมโอ	sôm oh
Beere (f)	เบอร์รี่	ber-rêe

Beeren (pl)	เบอร์รี่	ber-rêe
Preiselbeere (f)	คาวเบอร์รี่	khaao-ber-rêe
Walderdbeere (f)	สตรอวเบอร์รี่ป่า	sá-dtrorw ber-rêe bpàa
Heidelbeere (f)	บิลเบอร์รี่	bil-ber-rêe

97. Blumen. Pflanzen

| Blume (f) | ดอกไม้ | dòrk máai |
| Blumenstrauß (m) | ช่อดอกไม้ | chôr dòrk máai |

Rose (f)	ดอกกุหลาบ	dòrk gù làap
Tulpe (f)	ดอกทิวลิป	dòrk thiw-líp
Nelke (f)	ดอกคาร์เนชั่น	dòrk khaa-nay-chân
Gladiole (f)	ดอกแกลดิโอลัส	dòrk gaen-dì-oh-lát

Kornblume (f)	ดอกคอร์นฟลาวเวอร์	dòrk khon-flaao-wer
Glockenblume (f)	ดอกระฆัง	dòrk rá-khang
Löwenzahn (m)	ดอกแดนดิไลออน	dòrk daen-dì-lai-on
Kamille (f)	ดอกคาโมมายล์	dòrk khaa-moh maai

Aloe (f)	ว่านหางจระเข้	wâan-hăang-jor-rá-khây
Kaktus (m)	ตะบองเพชร	dtà-bong-phét
Gummibaum (m)	ตนเลียบ	dtôn lîap

Lilie (f)	ดอกลิลี่	dòrk lí-lêe
Geranie (f)	ดอกเจอราเนียม	dòrk jer-raa-niam
Hyazinthe (f)	ดอกไฮอะซินท์	dòrk hai-a-sin

Mimose (f)	ดอกไมยราบ	dòrk mai râap
Narzisse (f)	ดอกนาร์ซิสซัส	dòrk naa-sít-sát
Kapuzinerkresse (f)	ดอกแนสเตอร์ชัม	dòrk nâet-dtêr-cham

Orchidee (f)	ดอกกล้วยไม้	dòrk glúay máai
Pfingstrose (f)	ดอกโบตั๋น	dòrk boh-dtăn
Veilchen (n)	ดอกไวโอเล็ต	dòrk wai-oh-lét

Stiefmütterchen (n)	ดอกแพนซี่	dòrk phaen-see
Vergissmeinnicht (n)	ดอกฟอร์เก็ตมีน็อต	dòrk for-gèt-mee-nót
Gänseblümchen (n)	ดอกเดซี่	dòrk day see

Mohn (m)	ดอกป๊อปปี้	dòrk bpóp-bpêe
Hanf (m)	กัญชา	gan chaa
Minze (f)	สะระแหน่	sà-rá-nàe

| Maiglöckchen (n) | ดอกลิลลี่แห่งหุบเขา | dòrk lí-lá-lêe hàeng hùp khăo |
| Schneeglöckchen (n) | ดอกหยาดหิมะ | dòrk yàat hì-má |

Brennnessel (f)	ตำแย	dtam-yae
Sauerampfer (m)	ชอร์เรล	sor-rayn
Seerose (f)	บัว	bua
Farn (m)	เฟิร์น	fern
Flechte (f)	ไลเคน	lai-khayn
Gewächshaus (n)	เรือนกระจก	reuan grà-jòk
Rasen (m)	สนามหญ้า	sà-năam yâa

Blumenbeet (n)	สนามดอกไม้	sà-nǎam-dòrk-máai
Pflanze (f)	พืช	phêut
Gras (n)	หญ้า	yâa
Grashalm (m)	ใบหญ้า	bai yâa

Blatt (n)	ใบไม้	bai máai
Blütenblatt (n)	กลีบดอก	glèep dòrk
Stiel (m)	ลำต้น	lam dtôn
Knolle (f)	หัวใต้ดิน	hǔa dtâi din

| Jungpflanze (f) | ต้นอ่อน | dtôn òrn |
| Dorn (m) | หนาม | nǎam |

blühen (vi)	บาน	baan
welken (vi)	เหี่ยว	hìeow
Geruch (m)	กลิ่น	glìn
abschneiden (vt)	ตัด	dtàt
pflücken (vt)	เด็ด	dèt

98. Getreide, Körner

Getreide (n)	เมล็ด	má-lét
Getreidepflanzen (pl)	ธัญพืช	than-yá-phêut
Ähre (f)	รวงขาว	ruang khâao

Weizen (m)	ข้าวสาลี	khâao sǎa-lee
Roggen (m)	ข้าวไรย์	khâao rai
Hafer (m)	ข้าวโอต	khâao óht
Hirse (f)	ข้าวฟ่าง	khâao fâang
Gerste (f)	ขาวบาร์เลย์	khâao baa-lây

Mais (m)	ข้าวโพด	khâao-phôht
Reis (m)	ขาว	khâao
Buchweizen (m)	บัควีท	bàk-wêet

Erbse (f)	ถั่วลันเตา	thùa-lan-dtao
weiße Bohne (f)	ถั่วรูปไต	thùa rôop dtai
Sojabohne (f)	ถั่วเหลือง	thùa lěuang
Linse (f)	ถั่วเลนทิล	thùa layn thin
Bohnen (pl)	ถั่ว	thùa

LÄNDER DER WELT

99. Länder. Teil 1

Afghanistan	ประเทศอัฟกานิสถาน	bprà-thâyt àf-gaa-nít-thăan
Ägypten	ประเทศอียิปต์	bprà-thâyt bprà-thâyt ee-yíp
Albanien	ประเทศแอลเบเนีย	bprà-thâyt aen-bay-nia
Argentinien	ประเทศอาร์เจนตินา	bprà-thâyt aa-jayn-dtì-naa
Armenien	ประเทศอาร์เมเนีย	bprà-thâyt aa-may-nia
Aserbaidschan	ประเทศอาเซอร์ไบจาน	bprà-thâyt aa-sêr-bai-jaan
Australien	ประเทศออสเตรเลีย	bprà-thâyt òt-dtray-lia
Bangladesch	ประเทศบังคลาเทศ	bprà-thâyt bang-khlaa-thâyt
Belgien	ประเทศเบลเยียม	bprà-thâyt bayn-yiam
Bolivien	ประเทศโบลิเวีย	bprà-thâyt boh-lí-wia
Bosnien und Herzegowina	ประเทศบอสเนีย และเฮอรเซโกวีนา	bprà-thâyt bòt-nia láe her-say-goh-wí-naa
Brasilien	ประเทศบราซิล	bprà-thâyt braa-sin
Bulgarien	ประเทศบัลแกเรีย	bprà-thâyt ban-gae-ria
Chile	ประเทศชิลี	bprà-thâyt chí-lee
China	ประเทศจีน	bprà-thâyt jeen
Dänemark	ประเทศเดนมาร์ก	bprà-thâyt dayn-màak
Deutschland	ประเทศเยอรมนี	bprà-thâyt yer-rá-ma-nee
Die Bahamas	ประเทศบาฮามาส	bprà-thâyt baa-haa-mâat
Die Vereinigten Staaten	สหรัฐอเมริกา	sà-hà-rát a-may-rí-gaa
Dominikanische Republik	สาธารณรัฐโดมินิกัน	săa-thaa-rá-ná rát doh-mí-ní-gan
Ecuador	ประเทศเอกวาดอร์	bprà-thâyt ay-gwaa-dor
England	ประเทศอังกฤษ	bprà-thâyt ang-grìt
Estland	ประเทศเอสโตเนีย	bprà-thâyt àyt-dtoh-nia
Finnland	ประเทศฟินแลนด์	bprà-thâyt fin-laen
Frankreich	ประเทศฝรั่งเศส	bprà-thâyt fà-ràng-sàyt
Französisch-Polynesien	เฟรนช์โปลินีเซีย	frayn-bpoh-lí-nee-sia
Georgien	ประเทศจอร์เจีย	bprà-thâyt jor-jia
Ghana	ประเทศกานา	bprà-thâyt gaa-naa
Griechenland	ประเทศกรีซ	bprà-thâyt grèet
Großbritannien	บริเตนใหญ่	brì-dtayn yài
Haiti	ประเทศเฮติ	bprà-thâyt hay-dtì
Indien	ประเทศอินเดีย	bprà-thâyt in-dia
Indonesien	ประเทศอินโดนีเซีย	bprà-thâyt in-doh-nee-sia
Irak	ประเทศอิรัก	bprà-thâyt i-rák
Iran	ประเทศอิหร่าน	bprà-thâyt i-ràan
Irland	ประเทศไอร์แลนด์	bprà-thâyt ai-laen
Island	ประเทศไอซ์แลนด์	bprà-thâyt ai-laen
Israel	ประเทศอิสราเอล	bprà-thâyt ìt-sà-răa-ayn
Italien	ประเทศอิตาลี	bprà-thâyt i-dtaa-lee

100. Länder. Teil 2

Jamaika	ประเทศจาเมกา	bprà-thâyt jaa-may-gaa
Japan	ประเทศญี่ปุ่น	bprà-thâyt yêe-bpùn
Jordanien	ประเทศจอรแดน	bprà-thâyt jor-daen
Kambodscha	ประเทศกัมพูชา	bprà-thâyt gam-phoo-chaa
Kanada	ประเทศแคนาดา	bprà-thâyt khae-naa-daa
Kasachstan	ประเทศคาซัคสถาน	bprà-thâyt khaa-sák-sà-thǎn
Kenia	ประเทศเคนยา	bprà-thâyt khayn-yâa
Kirgisien	ประเทศ คีรกิซสถาน	bprà-thâyt khee-gèet--à-thǎan
Kolumbien	ประเทศโคลัมเบีย	bprà-thâyt khoh-lam-bia
Kroatien	ประเทศโครเอเชีย	bprà-thâyt khroh-ay-chia
Kuba	ประเทศคิวบา	bprà-thâyt khiw-baa
Kuwait	ประเทศคูเวต	bprà-thâyt khoo-wâyt
Laos	ประเทศลาว	bprà-thâyt laao
Lettland	ประเทศลัตเวีย	bprà-thâyt lát-wia
Libanon (m)	ประเทศเลบานอน	bprà-thâyt lay-baa-non
Libyen	ประเทศลิเบีย	bprà-thâyt lí-bia
Liechtenstein	ประเทศลิกเตนสไตน	bprà-thâyt lík-tay-ná-sà-dtai
Litauen	ประเทศลิทัวเนีย	bprà-thâyt lí-thua-nia
Luxemburg	ประเทศลักเซมเบิรก	bprà-thâyt lák-saym-bèrk
Madagaskar	ประเทศมาดากัสการ	bprà-thâyt maa-daa-gàt-gaa
Makedonien	ประเทศมาซิโดเนีย	bprà-thâyt maa-sí-doh-nia
Malaysia	ประเทศมาเลเซีย	bprà-thâyt maa-lay-sia
Malta	ประเทศมอลตา	bprà-thâyt mon-dtaa
Marokko	ประเทศมอร็อคโค	bprà-thâyt mor-rók-khoh
Mexiko	ประเทศเม็กซิโก	bprà-thâyt mék-sí-goh
Moldawien	ประเทศมอลโดวา	bprà-thâyt mon-doh-waa
Monaco	ประเทศโมนาโก	bprà-thâyt moh-naa-goh
Mongolei (f)	ประเทศมองโกเลีย	bprà-thâyt mong-goh-lia
Montenegro	ประเทศ มอนเตเนโกร	bprà-thâyt mon-dtay-nay-groh
Myanmar	ประเทศเมียนมาร	bprà-thâyt mian-maa
Namibia	ประเทศนามิเบีย	bprà-thâyt naa-mí-bia
Nepal	ประเทศเนปาล	bprà-thâyt nay-bpaan
Neuseeland	ประเทศนิวซีแลนด	bprà-thâyt niw-see-laen
Niederlande (f)	ประเทศเนเธอรแลนด	bprà-thâyt nay-ther-laen
Nordkorea	เกาหลีเหนือ	gao-lěe něua
Norwegen	ประเทศนอรเวย	bprà-thâyt nor-way
Österreich	ประเทศออสเตรีย	bprà-thâyt òt-dtria

101. Länder. Teil 3

Pakistan	ประเทศปากีสถาน	bprà-thâyt bpaa-gèet-thǎan
Palästina	ปาเลสไตน	bpaa-lâyt-dtai
Panama	ประเทศปานามา	bprà-thâyt bpaa-naa-maa
Paraguay	ประเทศปารากวัย	bprà-thâyt bpaa-raa-gwai
Peru	ประเทศเปรู	bprà-thâyt bpay-roo

| Polen | ประเทศโปแลนด์ | bprà-thâyt bpoh-laen |
| Portugal | ประเทศโปรตุเกส | bprà-thâyt bproh-dtù-gàyt |

Republik Südafrika	ประเทศแอฟริกาใต้	bprà-thâyt àef-rí-gaa dtâi
Rumänien	ประเทศโรมาเนีย	bprà-thâyt roh-maa-nia
Russland	ประเทศรัสเซีย	bprà-thâyt rát-sia

Sansibar	ประเทศแชนซิบาร์	bprà-thâyt saen-sí-baa
Saudi-Arabien	ประเทศซาอุดีอาระเบีย	bprà-thâyt saa-u-dì aa-ra--bia
Schottland	ประเทศสก็อตแลนด์	bprà-thâyt sà-gòt-laen
Schweden	ประเทศสวีเดน	bprà-thâyt sà-wěe-dayn
Schweiz (f)	ประเทศสวิตเซอร์แลนด์	bprà-thâyt sà-wìt-sêr-laen
Senegal	ประเทศเซเนกัล	bprà-thâyt say-nay-gan
Serbien	ประเทศเซอร์เบีย	bprà-thâyt sêr-bia
Slowakei (f)	ประเทศสโลวาเกีย	bprà-thâyt sà-loh-waa-gia
Slowenien	ประเทศสโลวีเนีย	bprà-thâyt sà-loh-wee-nia
Spanien	ประเทศสูเปน	bprà-thâyt sà-bpayn
Südkorea	เกาหลีใต้	gao-lěe dtâi
Suriname	ประเทศซูรินาม	bprà-thâyt soo-rí-naam
Syrien	ประเทศซีเรีย	bprà-thâyt see-ria

Tadschikistan	ประเทศทาจิกิสถาน	bprà-thâyt thaa-jì-gìt-thǎan
Taiwan	ไต้หวัน	dtâi-wǎn
Tansania	ประเทศแทนซาเนีย	bprà-thâyt thaen-saa-nia
Tasmanien	ประเทศแทสเมเนีย	bprà-thâyt thâet-may-nia
Thailand	ประเทศไทย	bprà-tâyt thai
Tschechien	ประเทศเช็กเกีย	bprà-thâyt chék-gia
Tunesien	ประเทศตูนิเซีย	bprà-thâyt dtoo-ní-sia
Türkei (f)	ประเทศตุรกี	bprà-thâyt dtù-rá-gee
Turkmenistan	ประเทศเติรกเมนิสถาน	bprà-thâyt dtèrk-may-nít-thǎan

Ukraine (f)	ประเทศยูเครน	bprà-thâyt yoo-khrayn
Ungarn	ประเทศฮังการี	bprà-thâyt hang-gaa-ree
Uruguay	ประเทศอุรุกวัย	bprà-thâyt u-rúk-wai
Usbekistan	ประเทศอุซเบกิสถาน	bprà-thâyt ùt-bay-gìt-thǎan

Vatikan (m)	นครรัฐวาติกัน	ná-khon rát waa-dti-gan
Venezuela	ประเทศเวเนซุเอลา	bprà-thâyt way-nay-sú-ay-laa
Vereinigten Arabischen Emirate	สหรัฐอาหรับเอมิเรตส์	sà-hà-rát aa-ràp ay-mí-râyt
Vietnam	ประเทศเวียดนาม	bprà-thâyt wîat-naam
Weißrussland	ประเทศเบลารุส	bprà-thâyt blao-rút
Zypern	ประเทศไซปรัส	bprà-thâyt sai-bpràt

www.ingramcontent.com/pod-product-compliance
Lightning Source LLC
Chambersburg PA
CBHW070831050426
42452CB00011B/2240